本丛书得到何东先生独资赞助

This series of books is financially supported exclusively
by Mr. Eric Hotung.

20世纪中国文物考古发现与研究丛书

大汶口文化

高广仁 栾丰实 / 著

文 物 出 版 社

一　彩陶杯（兖州王因　引自
　　《考古精华》）

二　彩陶豆（泰安大汶口　引自
　　《山东文物精萃》）

三　彩陶钵（兖州王因
　　引自《考古精华》）

四　镶松石骨雕筒（泰
　　安大汶口　引自
　　《大汶口》）

五　黄陶鬶（曲阜西夏侯　引自
　　《考古精华》）

六　磨光黑陶高柄杯（曲阜西
　　夏侯　引自《考古精华》）

七　白陶三足盉（泰安大汶口　引自《山东文物精萃》）

八　红陶猪形鬶（泰安大汶口
引自《大汶口》）

20世纪中国文物考古发现与研究丛书

序 / 张文彬

俗称"锄头考古学"的田野考古学的诞生以及中国考古学学科体系的基本完善，由此而引起的古物鉴玩观赏著录向科学的文物学的转变，是20世纪中国学术与文化界的大事。它从材料与方法两个方面彻底刷新了持续了数千年之久的中国古代史学传统，不但为中国学术界和文化界开拓出更加广阔的研究天地，也为一切关心中华民族悠久历史和灿烂文明的人们不断地提供了可贵的精神滋养和力量源泉。

仰古、述古、探古，进而考古，向来为我国传统文化中一个明显的学术特点。先秦时期诸子百家发其端，汉代司马迁撰写《史记》，北魏郦道元作注《水经》。他们对相关的遗迹遗物，尽可能地做到亲自考察和调查，既能辨史又可补史。这种寻根追源的治学态度，为后世学术上的探古、考古树立了榜样。此后，山河间的访古和书斋式的究古相继开展，特别是对古器物的研究，成了唐、宋时期的文化时尚。不少学者热衷于青铜铭文、碑刻、陶文、印章等古文字的考释，进而有了对器物的辨伪鉴定、时代判断、分类命名等，逐渐兴起了一门新的学问——金石学，涌现出许多著名的古器物鉴赏家和收藏家。只是囿于当时的历史条件，金石学家们无法了解所见文物的出土地点和情况，也难以涉及史前时代漫长的演进历程，因而长期以来始终脱离不了考证文字和证经补史的窠臼。即使如此，他们的艰辛努力和取得的成绩，还是为推动我国传统文化的发展起到了积极作用，并且在事实上也为中国考古学和中国文物学的起步铺设了最早的一段道路。

20世纪初，近代考古学由西方传入。中国学者继承金石学的研究成果，学习并运用西方考古学方法，开始从事田野考古，通过历史物质文化遗存，探寻和认识古代社会，揭示人类社会发展规律。早在1926年，中国学者就自行主持山西南部汾河流域的调查和夏县西阴村史前遗址的发掘。随后，我国学者同美国研究机构合作，有计划地发掘周口店遗址，发现了北京猿人。从1928年起至1937年，连续十五次发掘安阳殷墟遗址，取得了较大收获，引起了国内外学术界的重视。自20世纪50年代以后，随着国家大规模经济建设的进行，田野考古勘探、调查和科学发掘工作在全国范围内蓬勃有序地开展，许多重要的典型遗址和墓地被揭露出来，重大发现举世瞩目。它们脉络清晰，层位分明，文化相连，不仅弥补了某些地域上的空白，而且衔接了年代上的缺环，为研究中国古代史、文化史、科学史以及其他学科领域，提供了珍贵、丰富的实物资料，极大地影响着人文社会科学诸多学科专业的研究与发展。这段时间被学术界称为中国考古学的黄金时代。在马列主义理论指导下，具有中国特色的考古学理论体系和方法论逐渐形成。有关研究成果不仅极大地改变和丰富了人们对中国文明起源、中国古史发展等重大问题的认识，同时也扩展了中国文物的研究领域和研究方式。可以说，考古学的发展与进步，直接影响到文物学的形成与发展，而且影响到全社会对文化遗产重要作用的认识以及世界学术界对中国古代文明的重新认识。

从 20 世纪 80 年代开始，文物界就中国文物学的创立，逐渐取得共识，在共同探讨的基础上，初步形成了学科体系。不少学者发表了有关论文，出版了专著，就文物的历史价值、科学价值、艺术价值以及在社会主义的物质文明与精神文明建设中如何对文物进行有效保护、合理利用发表意见。这些研究成果已获得学术界的赞同。

在这世纪之交和千年更替之际，对中国考古学和中国文物事业作一次世纪性的回顾和反思，给予科学的总结，是许多学者正在思考和研究的问题。如果能通过梳理 20 世纪以来重大发现和研究成果，透视学科自身成长的历程，从而展望未来发展的方向，以激励后来者继续攀登科学高峰，无疑是一件很有意义的事。为此，经过酝酿、商讨和广泛征求意见，我们约请一批学者（其中有相当多的中青年学者）就自己的专长选择一个专题，独立成篇，由文物出版社编辑出版一套《20 世纪中国文物考古发现与研究丛书》，并以此作为向新世纪的献礼。

从某种意义上说，《20 世纪中国文物考古发现与研究丛书》是一套学科发展史和学术研究史丛书。其内容包括对 20 世纪考古与文物工作概况的综合阐述；对一些重要的考古学文化和古代区域文化研究情况的叙述；对文物考古的专题研究；对重要的文物考古发现、发掘及研究的个例纪实。

此套丛书的内容面广，而且彼此关联。考虑到各选题在某些内容上难免会有重叠或复述，因此在编撰之初，我们要求各选题之间互有侧重，彼此补充，以期为读者了解 20 世纪中国考古学和文物学的发展提供更多的视角。

我国的文物与考古工作，虽在 20 世纪得到了迅速发展，但仍有许多重大学术问题需要进一步探索。我们主持编辑这套丛书，除了强调材料真实，考释有据，写作态度严谨求实外，也不回避以往在工作或研究上曾经产生的纰漏差错和不足之处，以便为今后的工作和研究提供借鉴。虽然我们尽了很大努力，但限于水平，各篇仍很难整齐划一。由于组稿和作者方面的困难和变化，一些计划之中的题目也未能成书。这些不周之处，敬请专家、学者和广大读者批评指正。

在丛书编印过程中，我们得到了文物、考古界的广泛支持。何东先生在出版经费上给予了热情帮助。在此，一并深表感谢。

2000 年 6 月于北京

目　录

插 图 目 录

前言

大汶口文化以 1959 年发现的山东泰安大汶口遗址而得名。大汶口文化的发现是中国史前考古发展史上的一个里程碑。它的发现，突破了从 30 年代以来就形成的黄河流域只有仰韶文化和龙山文化两大板块（或两大系统）以及 50 年代出现的仰韶、龙山两大阶段的研究格局。越来越多的有关大汶口文化的发现，大汶口文化的渊源、特征及其发展道路的研究成果，雄辩地证明了中国史前文化的多源性以及大汶口文化在中国史前时代所具有的主体性地位。

大汶口文化以泰山周围的山前平原、丘陵和与之相连的胶东半岛为其生存、发展的舞台，在公元前 4300 年至前 2600 年间，逐步创造了辉煌的文化成就，其社会发展曾走在黄河、长江流域史前文化各大区系的前列。大汶口文化的若干基因成为后世灿烂的中国三代文明的主要源头之一。

已有的考古收获和研究成果表明，大汶口文化在海岱文化区历史发展进程中处于最关键的时期。大汶口文化社会经历了由生产力相对低下的血缘氏族社会走向文明的历程。从私有制萌芽到确立，从贫富开始分化到贫富悬殊，从阶级出现到阶级确立以至尖锐对立，从"没有奴役与剥削的余地"到"进行掠夺在他们看来是比进行创造性劳动更容易甚至更荣誉的事情"，并最终出现了制衡野蛮的王权与国家。在这一时期，聚落形态发生了同步的变化，原始的、"平等"的氏族自然聚落间，在优胜劣汰的争斗中，崛起了强有力的中心聚落（邑），最终又在若干这样的中心聚落间，出现了更高层次的"都"，并建立起以"都"为中心、统辖若干"邑"和更多普通"聚"的小型古国（考古学上表现为大型遗址群，即所谓"都"、"邑"、"聚"的金字塔式立体结构）。社会经济则从以农业为主，以渔猎、家畜饲养、制陶为家庭副业的原始状态，走向社会经济结构发生深刻、复杂的变化的状态。陶业最先从农业中独立出来，成为最重要的手工业部门，陶业产品出现了分流，一般日用陶器流向民间，而精品则流向上层；出现了专为社会上层服务、生产贵重玉器、象牙器的专业。甚至在意识形态领域里也发生了相应的变化，原来氏族制度下的团结向心精神，被追求私有财富的新价值观念所替代，在多数墓地上出现了以夸富为目的的穷奢极欲的大墓、富墓；出现了地区性的共识意符（陶尊图像文字）。大汶口文化晚期已迈进了文明时代的门槛。尽管史学界、考古界对大汶口文化的社会性质仍有不同意见，但对大汶口文化时期是海岱区历史上变革、动荡、分化、改组最激烈的时期的看法却是一致的。

此外，大汶口文化的研究，通过早、晚期遗址分布的逐步扩大，大汶口文化与相邻文化区系的接触和彼此影响，特别是大汶口文化因素的对外传播、扩散，看到了史前时代族群相互交流和族群迁徙的踪迹。在大汶口文化后期可能还出现了非和平的交往。大汶口文化所展现的历史画卷，使我们越来越具体地看到中华远古各支系祖先群体之间的组合与重组、斗争与融合的过程。近半个世纪的大汶口文化研究不仅使海岱区的上古史变得日益清晰，而且为中国文明的起源研究提供了不可或缺的可信史源。

在对大汶口文化近半个世纪的研究中，值得特别提出的是，考古学与多种自然科学学科的合作研究取得了重大的成果。首先是人类体质形态学家的介入，不仅提出了大汶口文化居民族属、人种成分的研究报告，而且一再观察到大汶口文化族群所特有的拔牙、头部枕骨变形和口含小球致使齿弓变形的毁体习俗。人骨性别与年龄鉴定，对葬俗研究起着无可替代的作用。如它使考古学者认识到，从早期流行同性多人合葬到中晚期男主女从的异性合葬这类葬俗演变的深刻社会意义。这些都是单靠考古学所难以得到的历史信息。此外，多种动植物学的检测手段被应用于复原大汶口文化所赖以生存的古代环境变迁研究，为认识大汶口文化地区类型间的不同环境以及文化上的环境烙印，提供了科学论据。如大汶口文化早期山东兖州王因遗址的遗存中被鉴定出有不少扬子鳄遗骨和适宜于湿热环境的淡水蚌群，在大汶口文化晚期安徽蒙城尉迟寺遗址的遗存中鉴别出了水稻硅酸体等都是成功的例证。关于胶东半岛贝丘的专题研究，也取得了开创性的收获。特别值得提出的是碳十四年代测定，九十多个年代数据使大汶口文化的研究有了可信的时空坐标，成为大汶口文化研究的一个坚实支柱。此外，还有根据大汶口文化遗址的位置来复原古代海岸线的努力、制陶工艺的模拟实验等等，都开辟了大汶口文化研究的新领域。我们将从对大汶口文化多学科综合研究成果的回顾中，深切理解到自然科学的介入使大汶口文化的研究更加科学、客观，并在很大程度上减少了研究的主观盲目性。

一　大汶口文化的发现和研究历程

（一）大汶口文化确立之前的史前考古
研究格局（1959 年以前）

1. 仰韶文化、龙山文化东西二元论

以"五四"新文化运动为标志，形成了西学东渐的洪流。以田野调查、发掘为主要手段的西方近代考古学，虽然早在 19 世纪末便以各种正规的、非正规的方式进入中国，但收获最大、影响最大的发掘则是 1921 年秋瑞典地质学家安特生所进行的对河南省渑池县仰韶村遗址的发掘。他在仰韶村及周围几处遗址调查发掘的基础上，提出了仰韶文化的命名，首次证明了中国存在一个没有金属器的石器时代。此后，越来越多的人把这次发掘作为中国近代考古学诞生的标志。由于仰韶村及其他相关遗址都发现了相当数量且极具特色的彩陶纹样，故仰韶文化又被称为彩陶文化。包括安特生在内的一些学者，将仰韶彩陶与中亚安诺、欧洲特里波列彩陶进行了比较研究，认为两者多有相似点，进而提出仰韶彩陶可能来自西方。这一研究使得"中国文化西来说"再度在中外学术界泛起。但是中国的考古学家并不认为史实就是如此。然而，中国人向来引以自豪的三代文明，特别是 20 年代末已确知的小屯商文化与仰韶文化之间差别太大，两者显然谈不上直接的渊源关系。于是，在

追寻中国文化来源的思路指导下，人们把目光投向了东方沿海及其邻近地区。

1930 年和 1931 年，在吴金鼎多次调查的基础上，中央研究院历史语言研究所考古组发掘了山东章丘县（原属历城县）龙山镇城子崖遗址。早在城子崖遗址发掘之前，傅斯年就认为，"中国的史前史原文化本不是一面的，而是多面互相混合反映以成立在这个文化的富土之上的"[1]。正是受这种学术思想的指导和影响，才发现并发掘了城子崖，加上后来在东部地区的其他工作，证明在中国东方地区存在着一个以带有光泽的黑色陶器和卜骨等为特征的古代文化，它与前此所知的以彩陶为特征的仰韶文化完全不同。因此，很快就被梁思永名之为龙山文化。由于龙山文化与小屯商文化之间存在许多相似的文化因素，故不少学者认为终于找到了殷墟文化的来源。

1931 年梁思永发掘了安阳后岗遗址，第一次从层位学上确定了仰韶文化至少在安阳地区要早于龙山文化。由于仰韶文化多在中原及其以西地区发现，而龙山文化则主要见于东方地区，所以认为它们是内涵不同、分布区域有别的两个文化系统，并认为仰韶文化自西向东发展，而龙山文化则是由东向西发展。这种仰韶、龙山分居东西的史前文化二元学说，一段时间内在中国考古学界和史学界占据了主导地位。

新中国成立后五十年的考古发现和研究，在全新的、丰富的考古科学资料基础上，使中国文化多源学说成为不易之论。今天再回过头来看傅斯年以及其他学者的有关中国史前文化多集团说，不能不为先辈敏锐的学术眼光所折服；而曾经为打破中国文化西来说做出历史性贡献的仰韶、龙山二元论，随着新中国考古学日新月异的发展，逐步得到了修正。50 年代在黄河流域全境和长江中下游到处发现了以灰、黑陶为共同特征的所谓"龙山文化"遗址，引起学者的思考。他们认为仰韶文化与龙山文化是前后相继的两个文化。《考古》1959年第4期发表的安志敏《试论黄河流域的新石器时代文化》一文，把泛称为"龙山文化"的遗存分辨为"庙底沟二期文化"、"后岗二期文化"、"客省庄二期文化"和"典型龙山文化"，并认为"典型龙山文化"与黄河中游的龙山文化可能有不同的来源。这无疑是史前研究上的一个进步。而1959年大汶口遗址的发掘及随后大汶口文化的确立，证实了典型龙山文化是一支有独立来源的文化，打破了黄河流域新石器时代仅有仰韶、龙山两支文化的研究格局，而且为重建更加符合史实的上古史框架和文化发展脉络开辟了新局面。大汶口文化的发现和研究在中国史前考古发展史上具有里程碑的意义。

2．大汶口文化遗存的先期发现

大汶口遗址发掘之前，这类遗存早已陆续有所发现。只是囿于黄河流域仰韶、龙山二元论的研究格局，加之新的发现数量较少，未能全面显现其特有的文化面貌而被忽略或判断不确，因此未能给考古研究以强有力的推动。不过这些先期发现毕竟为后来大汶口文化的确立提供了学术上的准备。先期的较重要发现有：

1952年在苏北新沂县花厅村发现一处经常出土"玉石子"和陶器的遗址，同年和次年，南京博物院两次发掘该遗址，共清理墓葬二十座[2]。这是第一处正式发掘且十分重要的大汶口文化遗址。如果按照考古学文化的一般命名原则和惯例，大汶口文化本来可以名之为"花厅文化"，但由于种种原因，花厅遗存的文化性质未能及时得到正确认识。

　　1952 年，鲁南的滕县岗上遗址被发现。1953 年春，王献唐等前往调查，采集到四片彩陶片[3]；1953 年至 1959 年，山东大学和山东省文物管理处又进行了多次调查，并清理过几座墓葬[4]。岗上遗址发现的彩陶片曾一度被认为是仰韶文化的遗物。

　　1957 年，山东省文物管理处发掘了安丘景芝镇遗址，发现并清理了七座墓葬。发掘者注意到景芝遗存与新沂花厅等地的遗存具有许多相同之处，尽管鉴于这些墓葬的随葬品中有相当多的黑色陶器，最终仍将其归入当时已知的龙山文化系统，但同时指出它"不同于所划分的两城—龙山—辛村各期"[5]。

　　1958 年，江苏省文物管理委员会发掘了苏北地区的徐州高皇庙遗址[6]。该遗址的文化层堆积厚达 9 米，发掘者将其划分为上、中、下三大层，下层定为龙山文化。下层堆积厚达 2 米，延续时间较长。以后来的认识分析，所谓下文化层包括大汶口文化、龙山文化和岳石文化三个时期的堆积。发掘报告中发表的背壶、宽肩壶、罐形豆和钵形豆等，就是大汶口文化的典型遗物。

3. 青莲岗文化的提出

　　1951 年冬，华东文物工作队在苏北的考古调查中发现了位于淮河故道南岸的青莲岗遗址。随后几年，又对该遗址进行过三次调查和一次清理发掘，采集到一部分新石器时代的文化遗物[7]。以此为基础，1956 年南京博物院的赵青芳在全国考古工作会议上提出青莲岗文化的名称。在 1958 年发掘的南京北阴阳营遗址发掘报告的结语中，作者认为该遗址的下层遗存与青莲岗的新石器遗存是相同的，进而将两者作为一个新的考古学文化——青莲岗文化的代表[8]。这是"青莲岗文化"第一次见之于考古学著述。同样是囿于仰韶、龙山二元对立的传统格局，南京博物院的学者认为，青莲岗文化是仰韶文化（彩陶文化）和龙山文化（黑陶文化）经过交流而产生出来的一种新文化，因而认为它是一种"混合文化"。现在看来，当时的认识是片面的，甚至是错误的，但在四十多年以前，能够利用有限的考古资料提出一个新的考古学文化，对于打破黄河、长江流域只有仰韶、龙山两种文化的学术格局，无疑具有积极的学术意义。

（二）大汶口遗址的发掘和大汶口文化的确立（1959～1966 年）

1. 大汶口墓地的发现和发掘

1959 年 5 月，因津浦铁路复线工程的施工，在宁阳堡头村西暴露出一部分古代文化遗物，济南市博物馆闻讯后立即派副馆长刘锡曾等前往调查。据地表散布的彩陶片和其他遗物确定，这是一处新石器时代遗址。随后，济南市博物馆和山东省文物管理处共同组成文物工作队，对这一重要遗址进行了发掘。先后参加过发掘的人员有中国科学院考古研究所山东队的魏效祖、温孟源和贾金华；山东省文物管理处的殷汝章、袁明、杨子范、蒋宝庚、李步青、王思礼、祝志成、刘桂芳、赵运友、张世德、季道华、李长明等；济南市博物馆的刘锡曾、陈晶晶、赵秀兰、丁圣惠、庄伟波、陈芝生等以及泰安、宁阳、历城等县的二十多位考古培训人员。山东省文物管理处殷汝章任队长，济南市博物馆副馆长刘锡曾任副队长。

发掘工作自 6 月 24 日开始，于 8 月底圆满完成。在 5400

平方米的发掘范围内，共发现新石器时代墓葬一百三十三座。这次的发掘地点位于大汶河南岸的宁阳县堡头村之西，所以该墓地被称为堡头墓地，这一墓地所代表的遗存曾一度被称为"堡头类型"。它以材料的新颖、随葬品的丰富精美和墓葬之间贫富分化的悬殊，向人们展示了一套全新的文化面貌，在学术界引起很大的轰动。

在大汶口墓地一百三十三座墓葬出土的大量珍贵文物中，有精美的彩陶、洁净的白陶、典雅的黑陶、风格独特的青灰陶等，有华丽的象牙雕筒和骨雕筒、象牙梳，有种类繁多、工艺上乘的针、锥、束发器、匕、笄、矛、镖、鱼钩、獐牙勾形器，有制作精细的玉、石武器和工具，有光润的玉石臂环、指环，更有成组成串的头饰和颈饰。此外，还发现数量甚多的猪头、猪下颌骨、猪牙和其他可能作为祭祀遗存的动物骨骼。尤为引人注目的是，墓葬之间贫富分化十分严重，等级差别明显。如 10 号墓，墓室面积超过 13 平方米，有木质葬具，随葬品多达二百零四件，而较小的墓葬，墓室面积只有 1 平方米左右，没有葬具，随葬品也仅有一两件甚至一无所有。

面对这么一大批新颖而颇具特色的丰富资料，最初，人们仍循着旧的思路欲将其置于仰韶、龙山这两个"篮子"里[9]，但它们的差别确实太大了。随葬品中有不少红陶、鲜艳的彩陶和背壶、"地瓜鬶"等完全不见于龙山文化的器物，极易与以黑灰陶为主，而无彩陶的龙山文化相区别。同时也以其特有的三足器、圈足器和独特的彩陶纹样与仰韶文化相区别。于是，人们在认识上产生了困惑，出现了各种不同的见解。或认为大汶口墓地（堡头墓地）所展现的贫富分化大大超过了当时已知的龙山文化，因而其时代应晚于龙山文化[10]；或认为其陶器制作较已知的龙山文化原始,但两者之间又有着千丝万缕的联系,应作为龙山文化的早期阶段[11];而有的学者认为在其系统地位尚未清楚之前,应暂时单列一类,而不涉及与仰韶、龙山的关系[12]。无论如何,大汶口墓地的发现和发掘,为学术界重新审视仰韶、龙山的格局和正确认识黄河下游地区的新石器文化,提供了一个极好的契机。

2.60 年代前期的考古发现

大汶口墓地部分材料的公布,促使考古调查、发掘工作在山东、苏北地区迅速展开,使山东地区史前考古的发现和研究进入了一个辉煌时期。

1960 年春,南京博物院发掘了苏北邳县刘林遗址,揭露面积 2000 平方米,清理出同一时期的墓葬五十二座[13]。刘林遗址的文化内涵丰富而时代单纯,是一处重要的典型遗址,这也是首次发现大汶口文化早期阶段的遗存。发掘者认为,刘林遗存与大汶口、景芝镇、花厅遗存的关系密切。1964 年春,南京博物院又对刘林遗址进行了第二次发掘,发现墓葬一百四十五座[14],丰富了对刘林遗址文化内涵的认识。

1962 年秋,中国科学院考古研究所山东队发掘了曲阜西夏侯遗址,发掘面积 89 平方米,发现大汶口文化中晚期墓葬十一座[15]。主要收获有三:确认了该遗址主要遗存的文化面貌与大汶口墓地基本一致;在晚于墓葬层的灰坑中发现了龙山文化的陶片,首次从层位上解决了大汶口一类遗存与龙山文化的相对年代问题;西夏侯上、下两层墓葬的区分,又为大汶口文化的分期提供了一定的层位依据。1963 年秋,山东队又对该遗址进行了第二次发掘,发掘面积 325 平方米,除发现二十一座墓葬外,还发现灰坑和陶窑等遗迹[16]。

1963年冬，南京博物院对苏北邳县大墩子遗址进行了发掘，发掘面积128平方米，发现大汶口文化墓葬四十二座，并首次从层位上确定了青莲岗（亦即今天学术界普遍认可的北辛文化）、刘林、花厅三类遗存的相对年代关系，为苏北地区龙山文化之前的新石器遗存的分期提供了依据。发掘报告的"结语"明确指出，青莲岗、刘林和花厅三个类型，是"青莲岗文化系统的三个不同时期的代表性遗存"[17]，从而使青莲岗文化的内涵得到比较明确的界定。1966年和1976年，南京博物院又对大墩子遗址进行了两次规模较大的发掘[18]，仅第二次发掘就发现大汶口文化墓葬三百座，出土各类文物三千余件。

此外，山东省博物馆于1963年10月试掘了蓬莱紫荆山遗址[19]。这是在胶东半岛地区进行的第一次考古发掘工作，开胶东考古的先河。这次发掘还发现了龙山文化叠压大汶口文化早期的层位关系。

从1960年到1966年的短短六年间，除了上述考古发掘工作，中国科学院考古研究所山东队、山东省博物馆、山东大学和南京博物院等，还开展了多次考古调查，足迹遍及烟台、潍坊、济宁、枣庄、济南、临沂和徐州、连云港等地区，发表了调查试掘报告近十篇。此外，刘林、西夏侯、大墩子等重要遗址的发掘报告在很短的时间内也相继发表，极大地丰富了人们对山东苏北地区史前文化的认识。

3. 大汶口文化的命名和确立

大汶口墓地以其资料的新颖、丰富和完整显示了与已知的仰韶文化、龙山文化完全不同的文化面貌，学术界广泛关注的焦点集中在这一类遗存的文化性质和年代两个方面。

关于大汶口墓地一类遗存的年代问题，其实就是其与龙山文化的年代关系，这一问题由于曲阜西夏侯遗址的发掘而很快获得圆满解决。

大汶口墓地发现之初，由于这里既有彩陶，又有黑陶，还有白陶，使人很容易简单地分别将彩陶与仰韶文化、黑陶与龙山文化、白陶与商文化进行联系，将其文化性质定为一个混合文化，且年代很晚。但对所有资料进行全面而系统的分析整理后人们发现，大汶口墓地的彩陶与仰韶文化的彩陶差别甚大，黑陶与龙山文化的黑陶也有显著区别，而白陶则与商代的白陶完全不同。1963 年，夏鼐正式使用了大汶口文化的名称[20]。高广仁、任式楠在 1964 年发表的西夏侯发掘报告结语中，也提出了将以大汶口墓地为代表的一类遗存命名为大汶口文化的主张[21]。1964 年，夏鼐在对中国五年来的考古工作进行总结时进一步指出，"1960 年发掘的江苏北部邳县刘林遗址，实际上也是属于大汶口文化"[22]。至此，大汶口文化基本上得以确立，并且被多数学者所接受。60 年代中期夏鼐等学者对大汶口文化性质与年代的分析，就是我们今天对大汶口文化认识的主导见解。

在纪念大汶口墓地发掘三十周年之际，济南市名誉馆长于中航回忆，作为大汶口墓地发掘工作负责人之一的原济南市博物馆副馆长刘锡曾，曾于 1960 年撰写了一篇题为《大汶口遗址综论》的论文，认为大汶口遗址的发现与龙山文化不同，主张另立新名，可称之为大汶口文化[23]。遗憾的是，这篇文章未能及时公开发表。此外，原山东省文物考古研究所所长杨子范曾撰文说，早在 1961 年春天，他就和当时在济南市博物馆工作的陈晶晶一起提出大汶口文化的命名，并得到苏秉琦、石兴邦、朱活、刘敦愿等的支持和赞同，南京博物院的曾昭燏和尹焕章也表示同意[24]。不过，一个文化的命名，应以首次公之于正式出版物的意见为依据。我们从于中航、杨子范的回忆中可以理解，一个考古学文化的确立，是要经过许多学者不断研讨、交流的过程才得以完成的，也可以说，一个考古学文化的确立，是有关学者共同努力的结果。不唯大汶口文化如此，其他文化的命名，大抵都有类似的经历。

（三）大汶口文化遗存发掘和研究的繁荣期（1971～1978 年）

由于众所周知的原因，1966 年至 1971 年，包括考古工作在内的一切正常工作几乎全部中断。70 年代初开始，文物考古界率先部分地开始了正常工作，大汶口文化的发掘和研究得到了迅速恢复和发展。因为特殊的时代背景、学术环境和《大汶口》报告发表的契机，使得大汶口文化的发掘和研究很快进入了又一个繁荣期。

1．一批大汶口文化重要遗址的发掘

1971 年春至 1972 年春，山东省博物馆等连续三次发掘邹县野店遗址，揭露面积 1660 平方米，发现了包括八十九座墓葬在内的丰富的大汶口文化遗存[25]。该遗址的发掘，不仅再次揭示出大汶口文化和龙山文化的地层叠压关系，而且第一次在一个遗址发现与刘林墓地、大汶口墓地相同的遗存，展示了大汶口文化产生、发展和向龙山文化转变的完整过程。在野店遗址发现的八十九座墓葬，延续时间长达一千五百余年，从中可以清晰地觉察到古代社会由相对平等逐渐向不平等发展变化的轨迹。野店遗址南北长 800 米，东西宽 700 米，总面积达

50 余万平方米，联系到已经发现多座大汶口文化中晚期大墓、富墓的情况，可以说这是一个等级很高、对于研究中国古代文明社会的形成具有重要意义的遗址。

1973 年春、秋和 1975 年秋，山东省博物馆和山东大学等三次发掘日照东海峪遗址，揭露面积 1000 余平方米。1975 年发掘的新石器时代文化堆积主要有三层。下层为大汶口文化晚期阶段的堆积，此层之下还发现二座同时期的墓葬；中层除文化层外，还有一座墓葬，"具有从大汶口文化向山东龙山文化过渡的性质"；上层文化堆积和墓葬明显属于龙山文化。这就是著名的东海峪"三叠层"[26]。这一发现，不仅再次从层位上证实大汶口文化早于龙山文化，而且从文化面貌上解决了两者之间的传承关系。

1973 年秋和 1974 年春，考古研究所山东队两次发掘潍县鲁家口遗址[27]，发掘面积 360 平方米。该遗址的文化堆积划分为七层，其中第五至七层属大汶口文化，发现两座墓葬和一个灰坑及各类文化遗物，时代约当大汶口文化中期阶段。这批以居址为主的资料对于认识胶莱平原的大汶口文化具有重要价值。

1974 年和 1978 年，为了配合泰兖公路的施工，山东省博物馆等又对大汶河北岸的大汶口遗址进行了两次规模较大的发掘，合计揭露面积近 2000 平方米[28]。这次发掘的遗存，在时间上早于 1959 年在大汶河南岸发掘的一百三十三座墓葬并与之衔接，使大汶口遗址的年代向前延伸了将近一千年。发现的四十六座墓葬和三座房屋及大量的出土遗物，丰富了对早期大汶口文化的认识。同时，该遗址还发现了早于大汶口文化早期的堆积，这是山东地区第一次经过正式发掘的早于大汶口文化的遗存，为探索大汶口文化的渊源提供了珍贵资料。

1974 年秋和 1975 年春，考古研究所山东队等对胶县三里河遗址进行了两次发掘，揭露面积 1570 平方米。该遗址的下层为大汶口文化，主要收获是发现了分属两个墓区的六十六座墓葬及一个装满粮食的窖穴[29]。三里河的大汶口遗存与海岱地区其他各个区域的同时期遗存有许多差异，是研究大汶口文化地域特点的重要资料。顺便提到，三里河遗址的发现还有一段佳话。1958 年冬，山东大学历史系教授韩连琪在青岛市文物店发现了一幅清初山东著名画家高凤翰（1663～1748 年，山东胶县人）的水墨花卉，画中插莲花的容器，实为一件史前陶鬶。据此，韩连琪认为介子城应是一处龙山文化遗址。为了证实韩说，山东大学历史系刘敦愿等于 1959 年冬赴胶县介子城调查，结果在高凤翰的故乡——三里河村发现一处龙山文化遗址[30]，也就是后来大规模发掘的三里河大汶口文化—龙山文化遗址。

1975 年秋和 1976 年春，山东省博物馆等两次发掘茌平尚庄遗址，发掘面积 1100 余平方米。该遗址的最下层为大汶口文化，主要收获是发现了属于大汶口晚期的十七座墓葬[31]。这批墓葬除五座为二次葬外，余者均为一次葬，合葬墓仅一座，为成年女性与小孩双人合葬。发现各类遗物一百余件，是鲁西北平原地区迄今为止最丰富的一处大汶口文化遗址，对于研究大汶口文化的区域特征具有重要意义。

1975 年至 1978 年，考古研究所山东队前后七次发掘兖州王因遗址，揭露面积 7000 余平方米。这是迄今为止海岱地区单个遗址发掘面积最大的一处，发现大汶口文化早期墓葬八百九十九座、大量的灰坑和一些残破的房址[32]。王因墓地是目前所发现的最大的一处大汶口文化墓地，死者埋葬方式多样化，除仰身直肢葬外，还有屈肢葬和俯身葬等。埋葬习俗也比较复杂，既有单人葬、同性合葬、异性合葬，又有单人二次葬、多人二次合葬和与之相应的"迁出墓"，为研究大汶口文化早期阶段的社会结构及意识形态方面的问题提供了重要资料。此外，在王因遗址的下层还发现了早于大汶口文化的遗存，为追寻大汶口文化的来源增添了资料。

1976 年秋和 1977 年春，昌潍地区文物管理组对诸城呈子遗址进行了两次发掘，揭露面积 1300 平方米[33]。1978 年秋，山东省博物馆等又第三次发掘该遗址，资料尚未公布。呈子遗址的下层为大汶口文化中期遗存，主要收获是发现了一座保存尚好的方形地面式房屋和十二座墓葬。墓葬有单人墓和合葬墓两种，后者的埋葬方式极具特色。即在同一土坑竖穴中，不同年龄性别的死者上下叠压合葬，每人各有一套葬具和随葬品。同时该墓地还有分区埋葬的现象。这对研究当时的社会结构具有重要意义。

2.《大汶口——新石器时代墓葬发掘报告》的出版

大汶口墓地发掘资料的整理工作由杨子范和刘锡曾负责，参加整理的人员有杨子范、蒋宝庚（以上为山东省文物管理处人员）、刘锡曾、陈晶晶、于中航、丁圣惠（以上为济南市博物馆人员）等，苏秉琦教授进行了具体指导，线图是由中国科学院考古研究所张孝光、郭义孚、张守中和杨秋涛绘制的。1963 年写出初稿，1965 年完成交稿[34]。经过将近十年的等待，于 1974 年终于由文物出版社出版发行了[35]。

《大汶口》报告编写体例得当。报告从发现和发掘谈起，在概述墓葬资料时，先分小项宏观概括，再循着时代早晚次序，分大、中、小不同类型予以举例。在出土遗物的介绍中，以不同类别的划分为纲，以式别排比为目，通篇描述条理清晰，繁简适当，疏而不漏，并把重要的调查资料一并公布。其次，报告的各种表格超过正文的五分之一，对进一步研究有极重要的价值。还需提到的是，报告的插图出自名家之手，线条流畅清丽，特征反映准确，质感极强，不仅是难得的科学资料，随手翻阅也能使人赏心悦目；在相对原始的印刷技术下，图版印制清晰、精致。可以毫不夸张地说，《大汶口》报告从内容到形式，均堪称上乘之佳品，即使与新近出版的一些报告相比，也毫不逊色。所以，至今谈起《大汶口》，许多著名学者仍然交口赞誉。

大汶口发掘资料的完整发表，将距今五千年前一幅生动真实的社会生活画卷呈现出来，使我们看到了一个立体的、丰富的、多面的、几近完整的古代社会的缩影。例如，包括农业和各种手工业及渔猎活动在内的社会生产状况，聚落和墓地的关系，墓地所反映的家庭形态和社会组织，严重的贫富分化所表现的社会问题，各种习俗所体现的民族的认同、意识形态和宗教倾向，特殊随葬品拥有者的身份与职业，各类艺术品的实际意义和作用，对外来文化因素的吸收、交流等等。这些问题的综合研究，将对中国古代社会的经济、组织结构、习俗和古代文明产生的途径等产生许多崭新的认识。

以《大汶口》的出版和政治生活中开展关于无产阶级专政理论学习运动为契机，在不长的时间内，国内学术界迅速兴起了一个用考古材料，特别是大汶口文化的材料，来诠释私有制和国家起源的热潮，大大促进了对大汶口文化社会性质的研究。参加讨论的学者不仅有考古学家，还有许多历史学家、古文字学家和民族学家。对大汶口文化这样一支史前文化进行研讨，参加人员之广泛，撰写文章之踊跃，在中国考古学史上是十分罕见的。有关论文大多收入山东大学主编的《大汶口文化讨论文集》中。

3. 分期和年代问题的初步解决

20 世纪 70 年代，考古调查与发掘工作普遍展开，各地区发现的大汶口文化遗址越来越多，从而使大汶口文化的分布区域逐渐清晰起来。至少在大汶口文化的晚期阶段，其分布区已包括了山东全省和江苏、安徽两省的淮北地区以及豫东地区。

自 1971 年邹县野店的发掘开始，大汶口文化遗址的发掘工作很快进入高潮，东海峪、鲁家口、大汶口、尚庄、三里河、王因、呈子等遗址的大汶口文化遗存相继得到揭示。到 70 年代中后期，已很难再用一组简单的器物来说明经历了一千五百余年发展的大汶口文化的"特征"。大汶口文化早期遗址中的典型器物群，演变到晚期已经"面貌全非"。面对着如此丰富而庞杂的新资料，大汶口文化的分期便成为迫切需要解决的问题。而 1977 年在南京召开的"长江下游新石器时代学术讨论会"[36]（以下简称"南京会议"），大大促进了对大汶口文化分期、山东史前文化发展序列的研究。会上，山东省博物馆的学者依据大汶口遗址 1959 年、1974 年的发掘资料和日照东海峪的新发现，提出了关于大汶口文化的分期意见[37]。他们将 1974 年大汶口遗址的大汶口文化遗存划分为四期，把 1959 年发掘的墓地划分为五期，把东海峪第四、第三两层作为两期，累计合成连续的十一期。然后，又根据文化内涵的变化和相近程度，归并为三个阶段。即早期阶段，包括第一期；中期阶段，包括第二至七期；晚期阶段，包括第八至十一期。

这一分期的早期阶段，后来划归北辛文化；晚期阶段的第十一期，则属于龙山文化。考古研究所高广仁也提出了论述大汶口文化分期的长篇论文[38]。该文以刘林、大墩子、大汶口、西夏侯和东海峪等遗址的地层关系为依据，对墓葬随葬陶器组合的变化和典型陶器（觚形杯、背壶和鬶）的演变序列进行了全面、系统的分析，最终将大汶口文化划分为早、中、晚三大期。早期以刘林墓地为代表，大墩子下层归入此期；中期以大汶口墓地早、中期墓为代表，包括西夏侯下层墓和大墩子晚期墓；晚期以大汶口墓地晚期墓为代表，包括西夏侯上层和东海峪下层。同时，依据当时已有的碳十四测年数据，并与邻境地区同期文化进行比较，推定大汶口文化的绝对年代为公元前4500年至公元前2300年，早中期和中晚期的分界分别在公元前3500年与2800年前后。这一分期意见，除了后来发表的碳十四年代新数据做了小的改动外，基本上被学术界所普遍接受。

4. 社会性质的大讨论

如前所述，1974年12月《大汶口》发掘报告的正式出版启动了对大汶口文化新一轮的研讨，随后关于私有制、国家起源理论的学习，更把大汶口文化社会性质的讨论推向了异乎寻常的高潮。关于大汶口文化的社会性质，主要有两种基本的观点。一种观点主张大汶口文化已经进入了文明时代；另一种观点认为大汶口文化尚处在原始社会时期。两种观点在70年代后期曾进行过几轮热烈的辩论，在学术界反响很大。

第一种观点主要以著名古文字学家唐兰为代表。在往复讨论的三四篇论文中[39]，唐兰坚持认为大汶口文化已经进入了初期文明时代，并将中国的文明史提前到距今6000年之前。他从私有制和贫富两极分化早已产生、成年男女合葬墓的存在说明当时已是父系社会、养猪业的发展、木椁墓的出现以及陶器文字的发现等五个方面作了论证，并认为少昊文化已得到证实。唐兰的观点令人耳目一新，其中不乏经得住历史检验的见解。但是唐兰关于中国已有六千年文明史的推断，受到许多学者的驳议。其中严重的失误在于，他把多数是属于大汶口文化中晚期才出现的社会现象如图像文字、木椁墓、贫富悬殊、男女合葬等，冠上了大汶口文化早期的年代[40]。

　　第二种观点是在总体上仍将大汶口文化划归原始社会。比较流行的看法是，大汶口文化经历了约两千年的发展[41]，社会经济、文化在不同时期有较大的变化，故其间的社会性质发生着阶段性的变化。持这种观点者的认识并不完全一致，甚至相去较远。当时多数学者认为，大汶口文化早期尚处于母系氏族社会后期；对中期的看法或认为仍停留在母系氏族社会时期，或认为正处于由母系向父系的过渡时期，或认为私有制业已产生，社会已经进入了父系氏族社会；一般认为，大汶口文化晚期属于父系氏族社会阶段，或认为已进入军事民主制时期，社会正处于文明时代的前夜[42]。

　　这场关于大汶口文化社会性质的大讨论，是以十年动乱的结束为时代背景的，人们踊跃地投入到其中，在当时的历史条件下有着特殊的意义。一方面，它反映了学术界对能够探讨学术问题的向往，为后来"科学的春天"的到来做了必要的准备和铺垫。这一场大讨论不仅深化了对大汶口文化的研究，促进了运用考古材料来复原和研究古代社会历史，同时对恢复良好的学术研究氛围也具有积极的意义。另一方面，由于受时代的局限，当时的讨论在一定程度上还受到某些苏联史学理论的消极影响，有些文章难免带有生搬硬套和"证经"的烙印。

5. 陶文的发现和初步研究

大汶口文化的陶文有两大类。一类是用笔蘸着颜料绘画的，可以称为彩陶图像；另一类是用尖硬的工具在陶胎未干时刻画的，可以称为刻画图像。彩陶图像仅有一例，即1959年大汶口墓葬发掘时发现的。该图像出自M75，绘画于背壶的上腹部，朱色。M75的时代为大汶口文化中期偏晚阶段。唐兰认为这是一个文字，认为其像花朵形，隶定为"莘"字。

刻画图像数量略多，主要发现于鲁东南地区。1960年，首先在莒县陵阳河遗址采集到一件大口尊，其上刻画有"日火山"图像。1962年又在这一遗址采集到三件大口尊，其上共刻画有四个图像文字，分别为"日火"、锛的象形、钺的象形和内刻四个圆圈的台形图像（后两者刻于同一器之上）[43]。1963年山东省博物馆曾对陵阳河遗址进行了小规模发掘，清理大汶口文化墓葬十座，未发现图像文字标本。1966年，莒县文化馆的张安礼在大朱家村遗址采集到一件大口尊，颈部刻有一个内填圆圈的图像文字[44]。1973年，在对诸城市前寨遗址的调查中，从采集的大口尊陶片上发现一个残缺刻画图像，图像内还涂有红色，图像仅存下部的五峰山右侧和中部火的右半，左半和上部的圆圈（日）缺失[45]，与在陵阳河采集的第一种图像应属于同一类。以上几处遗址发现的陶器刻画图像文字拓片，多数曾刊载于《大汶口》报告第九章。随后几年，部分学者对其进行了初步探讨和研究。对大汶口文化陶尊图像刻文的专题研究首先见于1973年于省吾的一篇论文中[46]。他采用与甲骨文、商周金文相比较的方法，将其中的"日火山"图像释为"旦"，认为是"用三个偏旁构成的会意字"。进而认为大汶口文化的图像文字处于"原始文字由发生而日趋发展的时

期"。1978 年，裘锡圭从其说，亦将这类图像释为旦，并认为
"是表示器物主人的族氏的"，下面有山和无山的两类"是同一
族名的繁简两体"[47]。唐兰在 1975 年发表的一篇论文中，对
《大汶口》报告公布的四种图像进行了考释。他将"日火山"
图像释为"炅"的繁体，而将下部无山的图像释为"炅"，是
"炅"的简体。另外两种，像锛之形的释为"斤"，像钺之形的
释为"戉"[48]。1978 年，邵望平以《远古文明的火花——陶
尊上的文字》为题[49]，从图像文字的载体陶尊谈起，并结合
陶尊在墓葬中的特殊位置和相关古史传说、民族学材料综合分
析，同意释"日火山"为旦，刻有"旦"的陶尊，用以祭日
出、祈丰收。并进一步指出，"陶文的出现，说明社会上已产
生了既能祭天、观象又能刻文画字的'知识阶层'。大汶口文
化的陶文是闪现在我们眼前的远古文明的火花"。

　　总之，在 1979 年之前，大汶口文化的陶器图像文字发现
的数量和种类都还不多，特别是这些图像文字没有明确的出土
单位，在研究上难免受到局限。但我们也看到，大汶口文化陶
文的发现，对于中国汉字的起源和中国文明的起源等重大学术
课题的研究，无疑具有积极意义。

6. 文化命名的讨论——大汶口文化和青莲岗文化

　　在 70 年代的讨论中，特别是在 1977 年秋于南京召开的
"长江下游新石器时代文化学术讨论会"上，不少学者都涉及
了山东苏北地区新石器文化的命名问题。当时，主要有三种代
表性的观点。

　　第一种观点是夏鼐等人在 60 年代前半期就已经提出的。
认为山东苏北地区以刘林墓地和大汶口墓地为代表的遗存可以
统称为大汶口文化。到 70 年代，随着新资料的增多，持此种

观点的学者又把大汶口下层、王因下层和大墩子下层等时代略早的一批遗存包括进来，形成了前面论述分期问题时所讨论的内容。

第二种以南京博物院的学者的观点为代表，他们始终坚持青莲岗文化的命名。50 年代提出的"青莲岗文化"，由于 60 年代前期刘林、大墩子遗址的发掘，进一步将其划分为青莲岗、刘林和花厅三个类型；到 1973 年提出"青莲岗文化"江南和江北两个类型的概念[50]；1977 年在南京会议上对"青莲岗文化"进行了再分析，"青莲岗文化江南类型"的概念不再使用，而把江北地区龙山文化之前的新石器时代遗存划分为六期，以大墩子、刘林、大汶口早期墓等为代表的前四期仍称为"青莲岗文化"，而把大汶口中晚期墓和西夏侯上下层墓等为代表的后两期称为大汶口文化[51]。

第三种观点认为应保留青莲岗文化，但应将其分布空间限定在山东和苏北地区；把山东、苏北地区龙山文化之前的新石器文化遗存划分为八期，前四期（以大墩子早、晚期墓为分界）为青莲岗文化，后四期（以 1959 年发掘的大汶口墓地为代表）为大汶口文化[52]。

南京会议之后，除了少数学者仍然坚持青莲岗文化之外，第一种意见逐渐成为多数有关学者的共识。

此外，1976 年张光直在探讨殷商文明起源问题时，曾用相当篇幅论述了殷商文明与东方史前文化的关系。他依据当时已有的资料，将山东苏北地区的新石器时代文化分成三期，即青莲岗期、花厅村期和龙山镇期，分别称为青莲岗文化、花厅文化和龙山文化。这里所说的花厅文化，包括刘林、花厅和大汶口晚期三期，实际上就是多数学者所说的大汶口文化[53]。

（四）大汶口文化研究的深入
（1979～1989 年）

这十年间，关于大汶口文化的研究虽然不像 70 年代那样热烈和引人注目，但在新遗址的发现、发掘和考古学基础研究方面，却是踏踏实实地稳步发展。初步理清了海岱地区考古学文化发展的大系，进而提出"海岱历史文化区"的重要概念，确立了大汶口文化在中国史前文化区系中的重要位置。

1. 追溯大汶口文化的来源

海岱地区早于大汶口文化的遗存，50 年代末和 60 年代前期在苏北和鲁南地区的调查、发掘中已有所发现。如苏北地区二涧村、大村和大墩子等遗址的发掘及鲁南济宁、枣庄地区一些遗址的调查，就发现了重要线索。到 70 年代，随着大汶口文化的分布、文化特征和分期、年代等基本问题的初步解决，其渊源的探索就自然而然地提上了研究日程。这期间虽然在数个进行过发掘的遗址中发现了早于大汶口文化的遗存，但将这类遗存独立为一个考古学文化，并探明其与大汶口文化内在的传承关系，还是由北辛遗址的大面积发掘和系统研究得以解决的。

北辛遗址于 1964 年由中国科学院考古研究所山东队调查时发现，当时就因其有与大汶口文化不同的特征，曾有"西桑园类型"或"北辛类型"的提法[54]。1978 年秋和 1979 年春，考古研究所山东队和滕县博物馆对该遗址进行了两次较大规模的发掘，揭露面积达 2500 余平方米[55]。地层堆积分为四层，除了耕土层下有少量的大汶口文化遗迹外，主要堆积都早于大汶口文化。清理的遗迹主要有六十余个灰坑和二座墓葬，出土遗物也十分丰富，其中有风格独特和特征鲜明的大量石器、陶器。北辛遗址的发掘，为学术界认识和把握海岱地区早于大汶口文化的考古遗存的文化面貌及性质，提供了关键性的资料。

80 年代初，吴汝祚和郑笑梅等依据北辛、大汶口等遗址的发掘资料，并与其他遗址的调查和发掘资料相联系，提出了北辛文化的命名。同时，对北辛文化的文化特征、分期与年代、与大汶口文化的关系等问题进行了初步的分析讨论，确定了北辛文化和大汶口文化之间具有明确的传承关系，从而解决了大汶口文化的来源问题[56]。

2. 海岱历史文化区的提出

50 年代以来的大量考古调查和发掘工作，特别是上述北辛遗址的发掘成果，确立了海岱地区早于大汶口文化的一支新的考古学文化，即北辛文化，从而解决了大汶口文化的来源问题。大体同时，从事山东考古的学者也提出了龙山文化的发展去向问题。人们注意到 50 年代末 60 年代初发掘的平度东岳石和赣榆下庙墩等遗存，并据此提出了"岳石类型"的名称[57]。1979 年考古研究所山东队等发掘的牟平照格庄遗址[58]和 1980 年尹家城发掘资料的发表[59]，使学术界最终捕捉到海岱地区晚于龙山文化而早于商代的一种独特的文化遗存，这就是稍后所命名的岳石文化[60]。至此，在山东苏北地区初步建立起来一个自成一系的古代文化发展体系。

高广仁和邵望平综合考古发现和古史传说，于 1984 年发表论文，提出了"海岱历史文化区"的概念，简称为海岱地区或海岱区[61]。这一文化区的空间范围是指山东省的京杭运河以东和苏北地区，在文化的发展上又概括为六个阶段。第一阶段为旧石器时代,有属于更新世中期的沂源直立人和更新世晚期的乌珠台人及千人洞、大贤庄等旧石器遗存。第二阶段是旧石器时代向新石器时代过渡的时期,以临沂凤凰岭的发现为代表。第三阶段是属于新石器时代的北辛文化,这一阶段的农业已经达到相当的水平。第四阶段为发达的大汶口文化时期,这一阶段遗址的分布已遍及海岱地区,并认为至少在其后期,海岱地区作为一个统一的文化区已经形成。第五阶段是典型龙山文化时期,这一时期海岱地区史前文化的发展已达到其鼎盛时期。第六阶段为岳石文化时期,这一时期海岱地区自成体系的文化已接近尾声,不久就进入了向统一的中华文明迈进的过渡时期。1989 年,张学海在坚持"海岱历史文化区"的前提下,认为这一文化区的形成应前提到北辛文化时期[62]。而郑笑梅则从自然地理和文化传统方面考虑,提出了"泰沂文化区"的概念,所不同的是将空间范围向西扩大到豫东、皖北和鲁西南地区[63]。

海岱历史文化区是在中华黄河长江流域考古资料积累到一定程度、研究工作达到相当深度的基础上,并且参考了古代文献的相关记载和人文、自然地理的区域特征之后,作为若干历史文化区中的一个提出来的。它对于深入开展中华史前文化的区系研究,理清各自的发展谱系和左邻右舍的关系,无疑具有十分重要的价值和意义。

3. 大规模的考古调查工作和重要遗址的发掘

70 年代末至 80 年代,为了摸清家底进而加强文物保护和管理,在国家文物局的统一部署下,山东、江苏、安徽和河南等省的文物部门,相继在各自所属的海岱地区组织了数次大规模的文物普查工作,新发现了大批古代文化遗址,从而明确获知大汶口文化的分布范围北起鲁北,南达江苏、安徽淮河一

线，东至黄海，在其晚期向西拓展到鲁西豫东地区。同时，还
对一批遗址进行了重点发掘，这些遗址主要集中在以往考古工
作比较薄弱的鲁东南、胶东半岛、鲁中北、苏北和豫东地区。

　　鲁东南地区经过发掘的遗址主要有莒县陵阳河[64]、大朱
家村[65]、杭头[66]和诸城前寨[67]等，其中以陵阳河最为重要。
陵阳河遗址发现于 50 年代，60 年代初曾在这里发现数件刻画
有图像文字的大口陶尊，因而受到学术界的重视。1979 年，
山东省博物馆两次发掘该遗址，清理了一批十分重要的大汶口
文化晚期墓葬，并第一次出土了具有明确层位关系的图像文字
资料。这些墓葬分为四组，形制均为长方形土坑竖穴，部分大
中型墓葬使用了木质葬具，不同规格的墓葬之间在墓室面积的
大小和随葬品的优劣、多寡等方面差别十分显著，成为研究大
汶口文化社会性质和结构的重要资料。此外，大朱家村、杭头
和前寨等遗址的发掘都有较重要收获，使鲁东南地区大汶口文
化的面貌变得清晰起来。

　　在胶东半岛地区发掘的大汶口文化遗址主要有福山邱家
庄、栖霞杨家圈和长岛北庄等。1979 年发掘的邱家庄是一处
贝丘遗址，其发掘成果不仅找到了联结白石村遗存和紫荆山下
层遗存（亦即北庄一期遗存）的层位关系，而且对于了解海岸
线的变迁也具有重要意义[68]。1981 年发掘的杨家圈遗址，则
是首次在胶东半岛地区发现明确的大汶口文化晚期遗存，考古
工作者在此清理出方形房屋和多人合葬墓等重要遗迹[69]。80
年代前半期，北京大学考古学系等对地处渤海岛屿上的北庄遗
址进行了大面积揭露，发现了大汶口文化早中期、龙山文化、
岳石文化和东周等长达数千年之久的文化遗存[70]。特别重要
的是清理出九十多座保存较好的大汶口文化早期房屋，从而向

人们展示了一个距今五六千年的完整聚落，曾被学界誉为"东方的半坡"。

鲁中北地区，主要指淄河和孝妇河流域一带，经过发掘的遗址主要有邹平丁公、广饶五村和傅家等。在丁公遗址最下层发现的大汶口文化遗存，约略属于大汶口文化早期偏晚和中期偏早阶段[71]。在1985年和1986年发掘的五村和傅家遗址，则发现了分布极为集中且十分密集的大汶口文化中晚期墓葬[72]。这些墓葬绝大多数为单人葬，墓坑狭小，多数墓葬没有随葬品，有随葬品的，也只有一至三件陶器。从文化面貌上看，这一地区的大汶口文化显示了独特的风格。如普遍流行头骨人工变形，拔牙现象极为罕见，彩陶比较发达，而鲁南地区常见的鬶、觚形杯和背壶等在这里却极少发现。

80年代江苏淮北地区的工作主要是由南京博物院发掘了泗洪县赵庄、沭阳万北和新沂花厅等遗址。1982年发掘的赵庄遗址位于洪泽湖西北的苏皖交界地区，在这里发现了典型而丰富的大汶口文化晚期遗存，这是经过发掘的大汶口文化遗址中位置最靠南侧的一处[73]。在1987年和1988年发掘的沭阳万北遗址，发现大汶口文化中期偏早阶段的遗存[74]。1987年和1989年，南京博物院再次发掘花厅遗址，清理出六十余座大汶口文化中晚期墓葬[75]。花厅墓葬分南北两区，其显著特点是北区八座大墓均有殉人，殉人数量一至五人不等。随葬品中以大汶口文化的陶器为多，但也有一些良渚文化陶器和较典型的良渚文化玉器。这些遗址的发掘，对于了解南北两大文化区的关系提供了珍贵资料。

豫东地区早在30年代就在永城黑堌堆遗址发现过大汶口文化晚期的遗物，60年代以来又陆续在洛阳、郑州、许昌、周口、驻马店和信阳等地区发现了大汶口文化中晚期墓葬和墓地[76]，如 1962 年在偃师滑城清理的 1 号墓、1975 年在平顶山寺岗和商水章华台发现的大汶口文化墓葬、1976 年在郸城段寨发现的大汶口文化墓地、70 年代前期在郑州大河村清理的 9 号墓，以及后来发掘的淮阳平粮台[77]和鹿邑栾台遗址[78]，也都发现了典型的大汶口文化堆积。因此，我们确知至少在大汶口文化晚期阶段，豫东地区已被从东方来的大汶口人所占据，至于大汶口人西迁的原因和动力，需另行探讨。

4. 繁荣考古研究和交流的学术活动

在这十年间，山东大学、山东省文物考古研究所和北京大学等相继组织了有关山东地区新石器文化研究的学术活动。1979 年，山东大学考古教研室编辑的《大汶口文化讨论文集》由齐鲁书社出版发行[79]。该书收入论文二十三篇，其中既有讨论年代和分期的文章（如夏鼐、安志敏和高广仁等），也有研究大汶口文化族属、特殊习俗和图像文字的论文（如刘敦愿、严文明和邵望平等），而更多的是探讨社会性质问题（如唐兰、于中航、黎家芳和蔡凤书等）。该文集的出版是对前一时期大汶口文化大讨论的一个总结，同时也明确了今后研究的方向和重点。因此，通读此文集，可以基本了解 70 年代末至 80 年代初国内学术界关于大汶口文化研究的状况。

1982 年夏，在胶东半岛东端的荣成石岛召开了山东省考古学会成立大会暨山东史前考古学术讨论会，与会者除了山东各地的代表之外，还有来自全国各地的专家学者。会议的学术议题主要集中在胶东半岛的原始文化和山东地区史前考古两个方面。会议的大部分论文结集为《山东史前文化论文集》，于 1986 年由齐鲁书社出版[80]。这次会议是第一次研究山东地区史前文化的专门学术讨论会，对于促进海岱地区史前考古研究的发展具有重要意义。

1987年5月，由北京大学考古学系牵头，在烟台召开了第一次环渤海考古座谈会，会议在烟台和长岛两地举行，采取看标本和议论相结合的形式，从胶东考古开始了对苏秉琦倡导的环渤海地区考古议题的讨论。关于胶东考古（包括和辽东半岛的关系）的重要性，苏秉琦在1977年长江下游新石器文化学术讨论会上就曾指出："考虑到这两个半岛作为我国腹地与我国东北以及东北亚之间的重要通道，在我国古代的特殊地理位置与特殊作用，不能说它是次要问题"，"要单独作为一个课题，另行安排"[81]。随后的七八年间，北京大学和考古研究所山东队先后在胶东半岛地区进行了大量考古调查和发掘工作，基本上理清了该地区原始文化的发展序列。第一次环渤海会议以胶东半岛为基点，开始将环渤海地区古代文化的关系作为研究的重点对待。与会代表就胶东地区原始文化的发展谱系、北庄二期以前遗存的文化性质（即是否属于北辛、大汶口文化）和胶东、辽东两个半岛之间的关系等问题展开了热烈讨论，同时也涉及了中国新石器文化区系划分和两区交界地带的文化定性问题。这次会议成为今后系列会议的肇始。时隔一年，山东省文物考古研究所就在临淄召开了第二次环渤海考古座谈会。会议组织参观了山东省文物考古研究所和山东大学等单位历年来在鲁北地区考古发掘中所获典型遗址的文物标本，与会代表就鲁北地区史前考古、海岱地区内小区系的划分及相关问题进行了研讨。

上述学术活动，繁荣了海岱地区史前文化特别是大汶口文化的研究，有力地推动了考古调查、发掘和研究工作不断向纵深发展。

5．基础性研究工作的深入

80 年代关于大汶口文化的基础研究进一步展开，其成果主要体现在以下几个方面。

首先，70 年代和 80 年代初期开展工作的一批遗址的发掘简报、报告和报告集等相继问世。如王因（1979）、大墩子（1980）、平粮台（1983）、栾台（1989）、南兴埠（1984）、陵阳河（1987）、杭头（1988）、北庄（1987）、杨家圈（1984）等遗址的发掘简报，呈子（1980）、鲁家口（1985）、尚庄（1985）、五村（1989）等遗址的发掘报告，野店（1985）和三里河遗址（1988）的报告专集等。这些报告既是最初的研究成果，又为综合研究提供了重要的基础资料。

其次是关于分期研究。大汶口文化的分期研究在 70 年代即已开展，至 80 年代前半期，学术界关于大汶口文化的内涵达成共识，即过去曾作为大汶口文化一部分的大墩子下层遗存、王因第 5 层遗存、大汶口第 5、6、7 层遗存等，被划归北辛文化，而大汶口文化的上限始自刘林墓地早期、野店第一期墓葬和王因早期墓葬等，下限则为东海峪下层和三里河第一期之末。期别划分除了继续坚持早中晚三期的观点之外[82]，又出现分前后两期四段的意见[83]，即以上述三期中的早期为前期阶段，中晚期为后期阶段，前后期又各分为两期。

第三是关于分布区域问题。这一时期，学术界对大汶口文化分布区的范围的认识并不一致。或认为大汶口文化"东起海滨，西抵河南郑州、偃师一带，北起辽东半岛，南达皖北和苏北"[84]。或认为大汶口文化遗址"集中发现在鲁中南及东南丘陵地区和江苏淮北一带。在胶东半岛、鲁西平原东侧、皖北，远及河南中部也发现了一些大汶口文化遗址或包含有大汶口文化因素的原始文化遗址"[85]。总括这一时期的看法，对大汶口文化分布，东至海和南到淮河故道一线比较一致，而西部的具体边界还不甚清楚，至于胶东半岛地区的同期遗存是否属于大汶口文化还有不同意见。

第四是关于类型的划分。类型概念在考古研究论著中运用得并不严格，具有类似一种基本单位的性质。当对一个考古学文化的认识尚不成熟之时，这时的类型概念类似于考古学文化，如"岳石类型"的提出；有时用于同一考古学文化之内的不同时期（或不同阶段），如仰韶文化的半坡类型、史家类型、西王村类型，青莲岗文化的青莲岗类型、刘林类型和花厅类型；也用于同一考古学文化之内不同的小区域，多称为地方类型。在大汶口文化的类型研究中，1982年伍人提出大汶口文化晚期遗存可以分为两个类型，即大汶口类型和三里河类型。同年，吴汝祚将大汶口文化划分为三个类型，即大汶口类型、大墩子类型和三里河类型。此外，还有人提出过豫东地区的"段寨类型"，鲁北中部地区的"五村类型"等等。类型的划分是研究工作进一步深入时所必定面对的问题，类型研究的成果将在有关章节中予以概述。

6. 其他方面的研究

80年代关于大汶口文化研究的领域逐步拓宽。除了考古学研究之外，还涉及居民的种属、习俗和自然环境的复原等方面。

大汶口文化的陶器群中有多种典型器物，其中最具有代表性的莫过于陶鬶，可视为海岱系古文化的标准化石。高广仁、邵望平的《史前陶鬶初论》一文[86]，利用考古学的基本方法，全面、系统、深入地分析了陶鬶的分布和发展谱系，不仅揭示了其产生、发展和消亡的运动轨迹，而且从一个侧面展现了大汶口文化与其他文化区的考古学文化之间的文化传播、交流和影响的画面。这一研究被众多学者誉为同类作品的经典之作。

大汶口文化的图像文字以其特殊的功能和作用，在大汶口文化甚至中国史前文化研究中独树一帜，引人注目。随着陵阳河等大汶口文化墓葬的发掘，人们不仅找到的图像文字的个体数量、出土遗址增多，而且获得了具体出土的情况和单位（或层位），其含义和社会功能越发清楚地显现出来。王树明和李学勤的综合研究堪称这一时期的代表[87]。

大汶口居民的人种学研究在 70 年代已经展开，颜訚曾测量并研究了大汶口、西夏侯等遗址的人骨资料，认为大汶口文化居民的体质形态基本上属于蒙古人种，并认为与居住在太平洋群岛上的玻利尼西亚人较为接近。韩康信等认为大汶口居民和仰韶居民在体质上的联系更为密切，可能属于同一种系的两个不同的古代"族群"。张振标则认为大汶口居民与现代华南人比较接近[88]。

在大汶口遗址发掘之际，人们就发现其居民存在某些特殊的毁体习俗，这些习俗又被后来新发现的墓葬资料所进一步证实。大汶口居民的毁体习俗主要有拔牙、头骨枕部人工变形和齿弓人为变形等三种类型。其中头骨枕部人工变形流行的范围较广，拔牙习俗以大汶口文化最为盛行并且出现时间较早，因此韩康信、潘其风认为这一习俗源于海岱地区，后来逐渐向南向西传播，并一直持续到近代[89]。齿弓人为变形则是由于长期在口腔内下颌后侧含置陶、石小球磨损所致，这一令人百思不得其解的习俗为大汶口文化所仅见，并且也只存在于泗河流域地区。

自然环境对人类的生产和生活有着巨大的影响。考古学者越来越重视自然环境与人的关系的研究。古环境复原研究主要以各时期出土的动物群和不同种属的植物等为依据。大汶口文化生存环境复原研究的主要成果有高广仁、胡秉华通过对王因遗址的大量水生动物,特别是淡水蚌和扬子鳄遗骸和亚热带蕨类孢子的综合研究,将这一地区距今 6000 年前后的地理环境和气候进行了复原,并探讨了环境与文化的关系[90];三里河和五村遗址的发掘报告都附加了对动物、植物遗骸的鉴定报告,简单地分析了古代的气候与自然景观。为了解当时人们的生产、生活环境提供了科学依据。当然,80 年代大汶口文化自然环境的复原研究刚刚起步,研究手段和方法也比较粗糙,但它的确开创了大汶口文化研究中一个有着广阔前景的重要领域。

(五)大汶口文化研究的持续
发展(1990~2000 年)

最近十年以来的大汶口文化研究,总体上处在平稳发展阶段。发现和发掘的遗址增多,又有一批发掘报告和新的论著面世,大汶口文化的时空框架基本廓清,多学科综合研究进一步加强,凭借大汶口文化的材料与文献史料相结合来进行文明起源的研究日益深入。

1. 调查和发掘工作的新进展

截止 1999 年,在各种报刊上公布的大汶口文化遗址已达四百五十八处,而实际数量超过七百处。其中安徽淮北地区调查到的大汶口文化遗址就超过四十处,大多数是在 90 年代以来发现和调查到的。这一时期发掘的大汶口文化遗址虽不多，但遍及海岱区各地。

中国社会科学院考古研究所于 1989 年秋组建了安徽队，到 1995 年连续九次发掘皖北的蒙城尉迟寺遗址，揭露面积达数千平方米。尉迟寺位于皖北中部，地处淮河支流——北淝河之北，是一处典型的堌堆遗址[91]。发掘该遗址的主要收获有四：一是在遗址的周围发现一条属于大汶口文化的大型围沟；二是发现了保存完好、风格独特和规模宏大的成组成排的连间房屋，目前已清理出四十一间，这是继北庄大汶口早期聚落之后的又一重大发现；三是发现数量较多的墓葬，其特点是儿童墓占半数以上，并且全部为陶棺葬，这与其他地区的大汶口墓葬明显不同；四是在大口尊上发现刻画图像文字，从而对探讨皖北豫东大汶口文化来源问题提供了重要线索。尉迟寺遗址的发掘是 90 年代大汶口文化田野考古工作最重要的收获之一，也是皖北和豫东地区第一个经过大规模发掘的大汶口文化遗址，对于全面认识这一地区的大汶口文化具有重要意义。较早的时候已有"颍水类型"的提出[92]，根据尉迟寺的发掘收获，又有"尉迟寺类型"的提出[93]。

1991 年秋，国家文物局考古领队培训班发掘了兖州六里井遗址，清理出大汶口文化中晚期灰坑、墓葬等遗存。这里发现的大汶口文化居址出土的陶器中有相当数量的绳纹和篮纹，充实了我们对鲁中南地区大汶口文化面貌的认识[94]。

1992 年和 1993 年，山东省文物考古研究所等为配合公路建设两次发掘枣庄建新遗址，揭露面积达 2700 余平方米[95]。主要收获是发现了近三十座保存尚好的大汶口文化中晚期房基和分组而埋的九十二座墓葬。建新遗址的面积只有 3 万余平方米，属小型聚落遗址，这次发掘的近三十座房基，在大汶口文化野外考古开展较多的鲁中南地区尚属首次发现，对于了解大汶口文化小型遗址的聚落形态具有重要价值。同时，从建新遗址的文化面貌、特征上还可以发现，即使是在同一地区，小型聚落和大中型聚落遗址在文化面貌上也存在着一定的差别。

此外，1990 年以来海岱地区关于大汶口文化的田野考古工作还有多处，如中国社会科学院考古研究所山东队在日照尧王城遗址的发掘中，再次发现大汶口文化刻画图像文字，将大汶口文化图像文字的出土地点增加到六处；山东省文物考古研究所在五莲丹土遗址发现大汶口文化晚期遗存，并在为配合潍莱高速公路而发掘的寒亭区前埠下遗址发现三十余座大汶口文化中期墓葬，在为配合公路建设而再次发掘的傅家遗址清理出大汶口文化中晚期房基五座、水井四眼和墓葬一百四十余座；桓台县文物管理所在李寨遗址的发掘中，清理出一百多座大汶口文化中晚期墓葬；烟台市博物馆发掘的栖霞古都镇遗址，不仅再次在胶东半岛地区发现大汶口文化晚期合葬墓，而且还发掘出颇具特色的地面式房屋基址。这些考古发掘工作，进一步丰富了我们对大汶口文化的认识。

2. 新的研究成果不断面世

90 年代以来，又一批发掘简报、报告和报告集公开发表。如尉迟寺遗址发掘简报和后来发掘的排房资料的公布、大朱家村大汶口文化墓地发掘资料的系统发表，使学术界对皖北地区、鲁东南地区大汶口文化的面貌有了更为清晰的认识。值得特别提到的是，科学出版社在 20 世纪最后五年间接连出版了四部以大汶口文化遗存为主的发掘报告集。《枣庄建新》全面而系统地公布了建新遗址的发掘收获。这是在已发表的大汶口文化资料中唯一一处居址和墓葬材料并重的遗址，由于是地处大汶口文化中心区的一处小型聚落遗址，而显得格外重要。建新是 1992 年和 1993 年才发掘的遗址，揭露面积近 3000 平方米，遗迹和遗物都十分丰富而庞杂，该遗址不仅发表过简报，而且正式报告在田野考古发掘结束后不足三年的时间内即与读者见面。我们要对报告编写者的敬业精神表示敬意。应该指出，发掘资料不能及时而系统公布，已成为制约考古学研究发展的不利因素，我们热切希望从事海岱史前田野考古的同仁们，能够像枣庄建新遗址的发掘者那样高效率地完成自己所肩负的责任和义务。

《大汶口续集》全面发表了大汶口遗址 1974 年和 1978 年的发掘资料。由于大汶口遗址的高知名度，以及 70 年代发掘大汶口遗址时没有编写发掘简报，而这两次发掘的文化内涵与第一次是完全不同的，人们以往只能从个别论文中窥见点滴发掘成果。所以，学术界对报告集的出版寄予了较高的期望，这一预期终于在 20 世纪结束前三年得以实现。

《兖州六里井》公布了国家文物局考古领队培训班 1991 年的发掘资料。

《山东王因》报告终于在世纪之交（2000 年 2 月）出版了。它全面系统地报告了自 1975 年至 1978 年的发掘收获。该遗址以大汶口文化早期墓地为主，下层属北辛文化。从墓地中清理出墓葬八百九十九座，埋葬死者一千二百余人，葬式多样，葬俗复杂，内涵丰富，分期明确。该报告除附有常规的动植物鉴定报告外，还有对人骨的详细鉴定报告，对人骨上所反映的社会习俗、葬俗做的科学分析；有对扬子鳄的专题研究和对王因淡水蚌群的长篇研究报告；从而开创了又一个多学科综合研究的新领域。此外，文物出版社 1990 年出版的《泗水尹家城》专刊中也报道了少量大汶口文化遗存。

上述几部报告集的资料都出自鲁中南的汶泗流域，加上以往出版的《大汶口》、《邹县野店》等，使得海岱地区的这一小区域内有关大汶口文化的报告集就达到七部，成为全国最完整、也是最丰富的考古资料系列。

90 年代关于大汶口文化的研究可分为个案研究、区域研究和系统研究三个方面。个案研究中，既有对单个遗址、墓地的研究，也有对某一专题（如图像文字、玉器和某种特殊器物等）的研究。区域研究是区域性综合研究，其中以对皖北豫东地区的大汶口文化研究最富成果，论述不下五篇。系统论述有栾丰实的《东夷考古》和《海岱地区考古研究》两部论著[96]。前者是对以往大汶口文化发现、研究史和分期、年代、类型划分、与其他文化的关系以及对大汶口文化社会经济、社会性质和族属等研究的综述；后者是个人文集，收入了作者对大汶口文化的研究现状，详细的分期和地方类型划分，其与同时期中原和南方的关系，彩陶、特殊器物和个别遗址的研究心得。

3. 基础性研究的持续开展

最近十年关于大汶口文化的基础研究进一步开展，研究的深度和广度达到了一个新的阶段，一些以往较为模糊的认识得到了澄清，许多看法上的分歧逐渐趋向于达成共识。

对大汶口文化分布区域问题的认识。关于河南地区发现的大汶口文化遗存，较为一致的看法是豫东地区应是大汶口文化的分布区，而豫中和豫西地区则是少量大汶口人西迁或因大汶口文化的传播、影响所遗留下来的遗存。关于胶东半岛地区以北庄一期为代表的一类遗存，多数人认为应归入大汶口文化，作为大汶口文化在胶东地区的一个地方类型，而不再将其看作是一个单独的考古学文化。至于辽东半岛地区同期遗存中的大汶口文化因素，则是受到海峡南侧地区的强烈影响所致，但总体平衡估价，还尚未达到改变其文化性质的程度。

分期研究基本上是在 80 年代确定的大汶口文化三大期的框架内，进一步做细致的划分和研究。即先将大汶口文化划分为早、中、晚三大期，然后把每大期各分为两期，最后再将每期划分为不同的小段。在此划分基础上，依据已有的碳十四测年数据，大体推定大汶口文化及其各大期、期、段的绝对年代。

对类型的划分，主要是考虑到大汶口文化历年长达一千五百余年，所以开始采取按大的发展阶段来划分类型的思路。即先行分为三大期，或可称为三个发展阶段，在每一个发展阶段上再细分为若干不同的地方类型。这种划分方法的优点是，既考虑到文化发展过程中的不平衡性和阶段性变化，又顾及了海岱地区内部不同小区间的影响、交融与重组，从而较充分地反映文化发展中的复杂性。

在大汶口文化与其他地区同时期文化的关系问题上，学者们展开了一系列研究。主要集中在三个区域，即大汶口文化与太湖地区的崧泽文化和良渚文化；大汶口文化与中原地区的仰韶文化和庙底沟二期文化；大汶口文化与辽东半岛地区南部的小朱山二期文化。此外，大汶口文化和燕山南北地区红山文化和小河沿文化，以及大汶口文化与豫北冀南地区大司空类型的关系问题也有所涉及。

4. 多学科的考古研究

90 年代以来，大汶口文化的研究向多学科、多领域的研究方向发展，呈现出较好的研究势头。建新遗址发掘报告的附录部分，除了一般常规的人骨鉴定、植物孢粉分析、动物种属鉴定之外，还附加了石器质料的鉴定，由制陶专家对制陶工艺进行研究，并将植物硅酸体的分析方法引入到大汶口文化的研究之中，通过植硅石分析等来复原当时当地的古代环境。这与以往的同类发掘报告相比有了较大的改观。这一科学手段也应用于蒙城尉迟寺、潍坊前埠下等遗址的研究，取得了较好的成绩。

海洋和陆地的变迁对于人类的生存环境有着直接的影响，同时古代遗址的分布也可以提供古代海岸线变迁的可靠依据。80 年代以来，有学者在这一领域中作了探索。徐其忠、胡秉华利用山东北部地区的考古调查资料，对山东北部的古海岸线进行了复原研究，将丁骕复原的山东北部古海岸线向外推出了相当大的范围，勾画了更为切合实际的大汶口文化时期的古海岸线；胡秉华还对鲁东南、鲁西的古地貌作了复原[97]。

1994 年中国社会科学院考古研究所和烟台市博物馆组成课题组，就胶东半岛地区贝丘遗址和环境的关系进行了专题研究，取得了开创性的成果[98]，也向学术界展示了一种新的研究方法和途径。

大汶口文化居民体质人类学的研究继续发展，其显著进展是开始走出国门，开展国际合作与交流。如由中日两国学者合作进行的中国和日本古代拔牙的比较研究，就是其中之一。这一研究既澄清和解决了一些问题，也为今后的田野考古和研究提出了新的要求[99]。

注　释

[1] 傅斯年等《城子崖》序一，中央研究院历史语言研究所 1934 年。

[2] 南京博物院新沂工作组《新沂花厅新石器时代遗址概况》，《文物参考资料》1956 年第 7 期。

[3] 《山东第一次发现彩陶》，《文物参考资料》1954 年第 2 期。

[4] 山东大学滕县考古调查小组《滕县新石器时代遗址调查》，《文物参考资料》1958 年第 1 期。山东省博物馆《山东滕县岗上村新石器时代墓葬试掘报告》，《考古》1963 年第 7 期。

[5] 王思礼《山东安丘景芝镇新石器时代墓葬发掘》，《考古学报》1959 年第 4 期。

[6] 江苏省文物管理委员会《徐州高皇庙遗址清理报告》，《考古学报》1958 年第 4 期。

[7] 华东文物工作队《淮安县青莲岗新石器时代遗址调查报告》，《考古学报》第九册，1955 年。

[8] 南京博物院《南京市北阴阳营的第一、二次发掘》，《考古学报》1958 年第 1 期。

[9] 杨子范《山东宁阳堡头遗址清理简报》，《文物》1959 年第 10 期。

[10] 1959 年中国历史博物馆举办的出土文物展览陈列中，按时代先后，将大汶口墓地的文物置于龙山文化和商代之间。另据当时参观过这个展览的部分同志回忆，当时不少学者认为这批材料很可能处在龙山文化和商代之间，属于夏代时期的遗物。

[11] 杨子范、王思礼《试谈龙山文化》，《考古》1963 年第 7 期。该文中已经引述了 1962 年中国科学院考古研究所山东队在曲阜西夏侯遗址发掘中所获得的"堡头类型"被龙山文化所叠压的层位关系。

[12] 中国科学院考古研究所《新中国的考古收获》第 19、20 页，科学出版社1961 年版。

[13] 江苏省文物工作队《江苏邳县刘林新石器时代遗址第一次发掘》，《考古学报》1962 年第 1 期。

[14] 南京博物院《江苏邳县刘林新石器时代遗址第二次发掘》，《考古学报》1964 年第 2 期。

[15] 中国科学院考古研究所山东队《山东曲阜西夏侯遗址第一次发掘报告》，《考古学报》1964 年第 2 期。

[16] 中国社会科学院考古研究所山东工作队《西夏侯遗址第二次发掘报告》，《考

古学报》1986 年第 3 期。

[17] 南京博物院《江苏邳县四户镇大墩子遗址探掘报告》，《考古学报》1964 年第 2 期。

[18] 南京博物院《江苏邳县大墩子遗址第二次发掘》，《考古学集刊》第 1 集，中国社会科学出版社 1981 年版；《江苏文物考古工作三十年》，《文物考古工作三十年》，文物出版社 1979 年版。

[19] 山东省博物馆《山东蓬莱紫荆山遗址试掘简报》，《考古》1973 年第 1 期。

[20] 夏鼐《中国原始社会史论文集·序》，历史教学社 1964 年版。此文又以《中国原始社会史的研究》为题载于《历史教学》1963 年第 4 期。

[21] 中国科学院考古研究所山东队《山东曲阜西夏侯遗址第一次发掘报告》，《考古学报》1964 年第 2 期。

[22] 夏鼐《我国近五年来的考古新收获》，《考古》1964 年第 10 期。

[23] 于中航《大汶口文化探源——纪念大汶口遗址发掘三十年》，《华夏考古》1989 年第 2 期。最近笔者又亲自就这一问题当面请教了于中航先生，他说这篇论文在 1960 年曾油印，发给馆里人员学习。刘锡曾 1931 年曾作为省方代表参加过城子崖遗址第二次发掘（参见《城子崖》第 9 页），对龙山文化有一定认识，在发掘时他就认为大汶口遗存与龙山文化不同。

[24] 杨子范《对山东史前考古的追述与瞻望》，《山东史前文化论文集》，齐鲁书社 1986 年版。关于此说，笔者尚有不解之处。杨子范和王思礼在 1963 年 7 月发表的《试谈龙山文化》一文中，数处强调"堡头类型"和两城类型的一致性，并在该文中明确指出："可以肯定它们不是两支不同性质的文化，而是龙山文化的两个不同的发展阶段。因此，堡头类型无再另立名称的必要。"（《试谈龙山文化》，《考古》1963 年第 7 期第 378 页。）因为该文中引用了西夏侯遗址发掘的层位关系，故可以确知该文的定稿必在 1961 年春天之后。

[25] 山东省博物馆等《邹县野店》，文物出版社 1985 年版。

[26] 山东省博物馆、日照县文化馆东海峪发掘小组《一九七五年东海峪遗址的发掘》，《考古》1976 年第 6 期。

[27] 中国社会科学院考古研究所山东工作队等《潍县鲁家口新石器时代遗址》，《考古学报》1986 年第 3 期。

[28] 山东省文物考古研究所《大汶口续集——大汶口遗址第二、三次发掘报告》，科学出版社 1997 年版。

[29] 中国社会科学院考古研究所《胶县三里河》，文物出版社 1988 年版。

[30] 刘敦愿《根据一张古画寻找到的龙山文化遗址——山东胶县北三里河遗址调

查小记》,《文史哲》1963 年第 2 期。

[31] 山东省博物馆等《山东茌平县尚庄遗址第一次发掘简报》,《文物》1978 年第 4 期。山东省文物考古研究所《茌平尚庄新石器时代遗址》,《考古学报》1985 年第 4 期。

[32] 中国社会科学院考古研究所山东工作队等《山东兖州王因新石器时代遗址发掘简报》,《考古》1979 年第 1 期。

[33] 昌潍地区文物管理组等《山东诸城呈子遗址发掘报告》,《考古学报》1980 年第 3 期。

[34] 陈晶《〈大汶口〉新石器时代墓葬发掘报告编写记述》,《文物天地》1988 年第 6 期。笔者还就大汶口发掘报告的编写过程采访了中航先生。

[35] 山东省文物管理处、济南市博物馆《大汶口——新石器时代墓葬发掘报告》,文物出版社 1974 年版。

[36] 本节内所引南京会议论文,均收入《文物集刊》(1),即《长江下游新石器时代文化学术讨论会论文集》,文物出版社 1980 年版。

[37] 山东省博物馆《谈谈大汶口文化》,《文物》1978 年第 4 期,又载《文物集刊》(1),文物出版社 1980 年版。

[38] 高广仁《试论大汶口文化的分期》,《考古学报》1978 年第 3 期,又载《文物集刊》(1),文物出版社 1980 年版。

[39] 唐兰《从大汶口文化的陶器文字看我国最早文化的年代》,《光明日报》1977 年 7 月 14 日;《再论大汶口文化的社会性质和大汶口陶器文字》,《光明日报》1978 年 2 月 23 日;《中国有六千多年的文明史——论大汶口文化是少昊文化》,《大公报在港复刊三十周年纪念文集》1978 年版;《中国奴隶制社会的上限远在五六千年前》,《大汶口文化讨论文集》,齐鲁书社 1979 年版。

[40] 高广仁《大汶口文化的社会性质与年代——兼与唐兰先生商榷》,《光明日报》1978 年 4 月 27 日。

[41] 关于大汶口文化的年代,70 年代多引用大墩子下层标本(距今 6445 年)和鲁家口标本(距今 4290 年)测定的两个数据作为其上下限,故延续时间就长达两千多年。参见夏鼐《碳 - 14 测定年代和大汶口文化》,《大汶口文化讨论文集》,齐鲁书社 1979 年版。

[42] 持此种观点的学者很多,其中大部分论文已收入《大汶口文化讨论文集》,齐鲁书社 1979 年版。

[43] 于省吾《关于古文字研究的若干问题》,《文物》1973 年第 2 期。山东省文物管理处等《大汶口》,文物出版社 1974 年。前者考释了第一种,并认为其

是相当于夏代的龙山文化时期，后者公布了前四种图像的拓片。

［44］苏兆庆编著《莒县文物志》第 43 页，齐鲁书社 1993 年版。

［45］任日新《山东诸城前寨遗址调查》，《文物》1974 年第 1 期。

［46］于省吾《关于古文字研究的若干问题》，《文物》1973 年第 2 期。

［47］裘锡圭《汉字形成问题的初步探索》，《中国语文》1978 年第 3 期。

［48］唐兰《关于江西吴城文化遗址与文字的初步探索》，《文物》1975 年第 7 期；
　　　《从大汶口文化的陶器文字看我国最早文化的年代》，《光明日报》1977 年 7
　　　月 14 日，又见于《大汶口文化讨论文集》，齐鲁书社 1979 年版。

［49］邵望平《远古文明的火花——陶尊上的文字》，《文物》1978 年第 9 期。

［50］吴山菁《略论青莲岗文化》，《文物》1973 年第 6 期。

［51］南京博物院《长江下游新石器时代文化若干问题的探析》，《文物集刊》（1），
　　　文物出版社 1980 年版。

［52］严文明《论青莲岗文化和大汶口文化的关系》，《文物集刊》（1），文物出版
　　　社 1980 年版。

［53］张光直《殷商文明起源研究上的一个关键问题》，《沈刚伯先生八秩荣庆论文
　　　集》，联经出版公司 1976 年版。

［54］伍人《山东地区史前文化发展序列及相关问题》，《文物》1982 年第 10 期。

［55］中国社会科学院考古研究所山东队等《山东滕县北辛遗址发掘报告》，《考古
　　　学报》1984 年第 2 期。

［56］吴汝祚《试论北辛文化——兼论大汶口文化的渊源》、郑笑梅《试谈北辛文
　　　化及其与大汶口文化的关系》，均载于《山东史前文化论文集》，齐鲁书社
　　　1986 年版。

［57］黎家芳、高广仁《典型龙山文化的来源、发展及社会性质初探》，《文物》
　　　1979 年第 11 期。

［58］中国社会科学院考古研究所山东队等《山东牟平照格庄遗址》，《考古学报》
　　　1986 年第 4 期。

［59］山东大学历史系考古专业《山东泗水尹家城第一次试掘》，《考古》1980 年
　　　第 1 期。

［60］严文明《龙山文化和龙山时代》，《文物》1981 年第 6 期。

［61］高广仁、邵望平《中华文明发祥地之一——海岱历史文化区》，《史前研究》
　　　1984 年第 1 期。

［62］张学海《论四十年来山东先秦考古的基本收获》，《海岱考古》，山东大学出
　　　版社 1989 年版。

［63］郑笑梅《论泰沂文化区》，《海岱考古》，山东大学出版社 1989 年版。

［64］山东省文物考古所等《山东莒县陵阳河大汶口文化墓葬发掘简报》，《史前研究》1987 年第 3 期；王树明《陵阳河墓地刍议》，《史前研究》1987 年第 3 期。

［65］山东省文物考古研究所等《莒县大朱家村大汶口文化墓葬》，《考古学报》1991 年第 2 期。苏兆庆等《山东莒县大朱家村大汶口文化墓地清理简报》，《史前研究》辑刊，1989 年。

［66］山东省文物考古研究所《山东莒县杭头遗址》，《考古》1988 年第 12 期。

［67］北京大学考古学系发掘资料。

［68］严文明《胶东原始文化初论》，《山东史前文化论文集》，齐鲁书社 1986 年版。

［69］山东省文物考古研究所等《山东栖霞杨家圈遗址发掘简报》，《史前研究》1984 年第 3 期。

［70］北京大学考古实习队等《山东长岛北庄遗址发掘简报》，《考古》1987 年第 5 期。

［71］山东大学历史系考古专业《山东邹平丁公遗址第二、三次发掘简报》，《考古》1992 年第 6 期。

［72］山东省文物考古研究所等《广饶县五村遗址发掘报告》，《海岱考古》第一辑，山东大学出版社 1989 年版。郑笑梅《广饶县傅家、五村大汶口文化遗址和墓地》，《中国考古学年鉴（1986）》，文物出版社 1988 年版。

［73］纪仲庆、车广锦《苏北淮海地区新石器诸文化的再认识》，《考古学文化论集（二）》，文物出版社 1989 年版。

［74］南京博物院《江苏沭阳万北遗址新石器时代遗存发掘简报》，《东南文化》1992 年第 1 期。

［75］南京博物院《1987 年江苏新沂花厅遗址的发掘》，《文物》1990 年第 2 期；《1989 年江苏新沂花厅遗址的发掘》，《东方文明之光——良渚文化发现 60 周年纪念文集》，海南国际新闻出版中心 1996 年版。

［76］武津彦《略论河南境内发现的大汶口文化》，《考古》1981 年 3 期。

［77］河南省文物研究所等《河南淮阳平粮台龙山文化城址试掘简报》，《文物》1983 年第 3 期。

［78］河南省文物研究所《河南鹿邑栾台遗址发掘简报》，《华夏考古》1989 年第 1 期。

［79］山东大学历史系考古教研室《大汶口文化讨论文集》，齐鲁书社 1979 年版。

[80]《齐鲁考古丛刊》编辑部《山东史前文化论文集》，齐鲁书社 1986 年版。

[81] 苏秉琦《略谈我国东南沿海地区的新石器时代考古》，《文物集刊》（1），文物出版社 1980 年版。

[82] 邵望平《新发现的大汶口文化》，《新中国的考古发现和研究》，文物出版社 1984 年版。

[83] 吴汝祚《论大汶口文化的类型与分期》，《考古学报》1982 年第 3 期。

[84]《大汶口文化讨论文集·编后记》，齐鲁书社 1979 年版。

[85] 同［82］。

[86] 高广仁、邵望平《史前陶鬶初论》，《考古学报》1981 年第 4 期。

[87] 王树明《谈陵阳河与大朱村出土的陶尊"文字"》，《山东史前文化论文集》，齐鲁书社 1986 年版。李学勤《论新出大汶口文化陶器符号》，《文物》1987 年第 12 期。

[88] 潘其风、韩康信《中国石器时代人种成分的研究》，《新中国的考古发现和研究》，文物出版社 1984 年版。

[89] 韩康信、潘其风《我国拔牙风俗的源流及其意义》，《考古》1981 年第 1 期。

[90] 高广仁、胡秉华《王因遗址形成时期的生态环境》，《庆祝苏秉琦考古五十五年论文集》，文物出版社 1989 年版；《王因遗址形成期的生态环境》，《环境考古研究》第一辑，科学出版社 1991 年。

[91] 傅宪国等《蒙城县尉迟寺新石器时代遗址》，《中国考古学年鉴（1990 年）》，文物出版社 1991 年版；《尉迟寺遗址出土大型排房式建筑》，《中国文物报》1993 年 1 月 3 日；《尉迟寺再获重要发现》，《中国文物报》1993 年 6 月 13 日；《尉迟寺又获重要发现》，《中国文物报》1994 年 1 月 16 日；中国社会科学院考古研究所安徽队《安徽蒙城尉迟寺遗址发掘简报》，《考古》1994 年第 1 期；梁中合《尉迟寺新石器时代聚落遗址初见规模》，《中国文物报》1995 年 2 月 12 日；王吉怀《专家座谈安徽蒙城尉迟寺遗址的发掘收获》，《考古》1995 年 4 期。

[92] 杜金鹏《试论大汶口文化颍水类型》，《考古》1992 年 2 期。

[93] 王吉怀《专家座谈安徽蒙城尉迟寺遗址的发掘收获》，《考古》1995 年 4 期。

[94] 国家文物局考古领队培训班《兖州六里井》，科学出版社 1999 年版。

[95] 山东省文物考古研究所等《枣庄建新》，科学出版社 1996 年版。

[96] 栾丰实《东夷考古》，山东大学出版社 1996 年版；《海岱地区考古研究》，山东大学出版社 1997 年版。

[97] 徐其忠《从古文化遗址分布看距今七千年～三千年间鲁北地区地理地形的变

迁》,《考古》1992 年第 11 期。胡秉华《山东史前遗迹于海岸、湖泊变迁及相关问题》,《中国考古学会第九次年会论文集》,文物出版社 1997 年版。

[98] 烟台市文物管理委员会、中国社会科学院考古研究所胶东半岛贝丘遗址研究课题组《山东省蓬莱、烟台、威海、荣成市贝丘遗址调查简报》,《考古》1997 年第 5 期。

[99] 韩康信、中桥孝博《中国和日本古代仪式拔牙的比较研究》,《考古学报》1998 年第 3 期。

二 大汶口文化的考古学基础研究

考古学的基础研究，一般说来，是指以田野考古资料为基础，用专业手段来界定一个考古学文化的基本特征、分布区域、分期和年代、类型的划分、来源和后续等问题。考古学基础研究的结果，既是其他方面研究的前提，又是基础，故在考古学研究中居于首要地位。文化的分布、分期、分区（类型）研究之间，是一个互动的过程。最初，受资料较少的限制，人们所认识的分布范围可能较小，分期可能也比较粗疏；但随着发现的增多，其分布范围可能扩大，各个地区之间的差别也会逐步显现出来，学者就可以进行地方类型的划分，然后在地区类型内部分别进行细致的分期；而地区类型的分期，又将促使该文化的总体分期更趋成熟、完善，并有助于对文化分布范围的变迁取得动态的认识。大汶口文化的基础性研究，正是经历了这样一个过程。

（一）大汶口文化的分布、类型与分期研究

如前所述，70 年代大汶口文化的发现和研究进入又一个辉煌期，以 1977 年南京会议为契机，学界通过十余处遗址（大汶口、刘林、大墩子、西夏侯、野店、大范庄、东海峪、鲁家口、三里河、尚庄等）的发掘收获，对大汶口文化的分期进行了颇有成效的讨论。以山东省博物馆的《谈谈大汶口文化》和高广仁的《试论大汶口文化的分期》两文为代表，把大

汶口文化分为早、中、晚三期。这一分期意见虽是初步的、粗疏的，但在其后一段时间内起到了一定的积极作用，其表现之一就是促进了对大汶口文化分布范围变迁的认识。

1. 大汶口文化分布区的界定

文化区是一个人文地理的概念，一定区域之内（往往与某一自然地理区域相联系，但不是绝对的）考古遗存的基本文化面貌相同或近同，并有相同的发展脉络，就可以被视为一个文化区。正如苏秉琦所说，文化区系的确立，着眼于文化渊源、特征和发展道路的共性。高广仁、邵望平在 1984 年提出海岱历史文化区的概念时，将海岱地区的空间范围界定为渤海、黄海流域，淮河故道和泰山西麓的京杭大运河一线。该文还认为，海岱区作为一个历史文化区至少在大汶口文化后期已经形成。后来高广仁根据新的发现，修正为"是在公元前第 5000 年间（前 5000～前 4000 年）逐步形成的"，到大汶口文化中期以后，海岱文化区向西扩展，将皖北和豫东地区包括了进来[1]（图一）。

张学海同意对"海岱文化区"的界定，但认为其形成时间较早，"可能在七千年左右到八千年之间"[2]。郑笑梅认为"以泰沂山系为中心发展起来的考古文化系列，作为这一广阔区域的传统文化，有着自己独特的内容和发展形式"，这一文化系列就是由北辛—大汶口—龙山—岳石等考古文化组成的。她提议称之为"泰沂文化区"[3]。韩榕界定的海岱文化区包括四个地理单元，即胶东丘陵、胶莱平原、鲁中南中山低山丘陵和苏鲁豫皖邻界区域的黄淮平原。他认为，海岱文化区的文化是多源的，各地区在发展过程中相互融合，不超过大汶口文化晚期，区内在文化面貌上呈现出大体一致的特征，从而为海岱

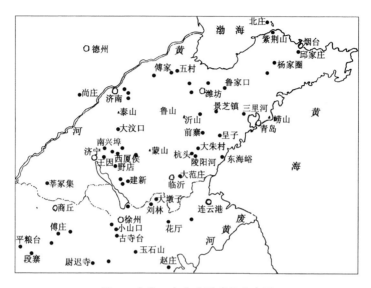

图一 大汶口文化重要遗址分布图

文化区的形成奠定了基本的框架和格局[4]。栾丰实认为，海岱文化区在空间分布上"是以泰沂山系为中心，不同时期的范围有一定差别，总体上是呈逐渐扩大的趋势，鼎盛时期包括山东全省、苏皖两省北部、豫东、冀东南和辽东半岛南部在内的广大地区"[5]。从上述见解可知，考察文化分布范围并非是一成不变的，对其变迁的研究要与分期研究相辅相成。在这一讨论过程中还涉及三个不同的概念，即分布中心区、分布边缘区和影响所及区（即该文化的某些突出因素在分布区以外扩散、传播的范围）。笔者即根据早在 70 年代所作的最基本的早、中、晚三期的划分期，对大汶口文化不同阶段分布范围变迁的研究作一简述。

大汶口文化在早期阶段基本上只分布于山东和苏北地区，

其南界不过淮河，向北到达鲁北地区，西界在现今运河两侧，东至黄海。至于胶东半岛地区早期遗存的文化性质，历来存在不同意见。有关学者多数认为其应属于大汶口文化分布区。最近，长岛北庄遗址发掘的主持人张江凯将北庄遗存视为大汶口文化的一个地方类型。而韩榕认为，胶东半岛为独立于大汶口文化之外的一个分支系统，并将其早期遗存称之为"邱家庄类型"，中晚期遗存称之为"北庄类型"（相当于大汶口文化中晚期阶段）[6]。王锡平等则把距今 7000 年至 5000 年胶东半岛地区的原始文化称为"邱家庄文化"[7]。

大汶口文化中期阶段的分布范围，南、北两界无大变化，但有迹象表明，当时可能已开始了向西扩展的趋势。如在皖西北的亳县付庄[8]、周口烟草公司仓库[9]和郑州大河村[10]都发现了大汶口文化的墓葬。不过大河村遗址中的大汶口文化因素显然是外来的，不占主要地位，这里并不是大汶口文化的分布区。周口所发现的几座墓葬，随葬品中既有大汶口文化的器形，也有非大汶口文化器物，看来这一地区仍不属于大汶口文化分布区。在付庄发现的文化堆积和十二座墓葬，从流行拔牙习俗和存在许多大汶口文化的陶器看，应属于大汶口文化。因此，大汶口文化中期的分布范围已经到了皖北和豫东的一隅。学界对胶东半岛同时期遗存性质的看法仍有分歧，但居于主流的意见认为，在大汶口文化中期（即胶东地区以北庄二期为代表），胶东半岛的文化已"属于大汶口文化的不同类型"[11]。

皖北、豫东普遍发现大汶口文化晚期的遗存，在淮阳平粮台、鹿邑栾台、蒙城尉迟寺等都发掘出明确属于大汶口文化晚期的地层堆积（图二）。也就是说，大汶口文化晚期，其分布范围向西已扩展到淮阳一带。至于豫中地区和辽东半岛南部地

图二 河南境内大汶口文化遗址分布示意图

区，虽然发现了不少包含有大汶口文化因素甚至是个别大汶口墓葬的遗存，但在整体上并未改变当地的文化性质，因此，这些地区不属于大汶口文化的分布区，只可以说是大汶口文化的影响所及地区[12]。顺便提到，鲁西南皖北豫东地区基本上没有发现相当于大汶口文化早期阶段的遗存，至少没有发表过资料。一个可能是当时当地的地理环境尚不宜于人类的生存；另一可能是属于含有一定大汶口文化因素的另外一个考古学文化分布区。

2. 大汶口文化地区类型的划分

大汶口文化的分布范围，越到晚期范围越大，估计可达二十余万平方公里。随着发现的日益增多，各地遗存的文化面貌显现出了一定的差异。文化分区的研究，也可称为类型的划分，便很自然地提到了研究日程上来。

地区差别的形成原因有多种。如山川的阻隔、环境地理的不同，从早期起就存在的文化面貌上的差异在世代因袭中可能演化出的区域性历史文化传统，还有所受邻境地区文化的影响不同等，使得大汶口文化的分布大圈内出现了诸多小文化圈。这种小文化圈，有的学者就称其为"类型"。必须说明的是，类型的划分，从理论上说，应是多种文化因素综合分析的结果，但在实际研究中多半仍以陶器上的差异为主要依据。大汶口文化类型的研究经历了一个从简约到细致的过程。1982年吴汝祚提出了鲁中南、苏北和山东东部（包括潍坊和日照）三区（三类型）的划分意见[13]。1984年高广仁、邵望平在提出海岱历史文化区时曾依据山东地区客观存在的三个地貌区，即鲁中南山地区（或称泰沂山区）、鲁东丘陵区（或称山东半岛区）和鲁西北平原区划分出相应的三个人文地理小区。稍后，邵望平又指出，"在海岱区之内，不论从地貌上还是文化面貌上又始终存在着三个小区，即鲁中山地西侧、南侧的湖东平原、淮北残丘地带为中心的一区，鲁中山地北侧山前平原、东侧胶莱平原为中心的一区和胶东半岛区"。并进一步将这三个小区和《禹贡》记载的淮夷、嵎夷和莱夷相联系[14]。1988年在临淄召开的第二次环渤海考古座谈会上，栾丰实阐述了他关于海岱地区内小区的划分意见[15]。后来栾丰实又在上述意见的基础上划分出鲁中北区和苏北区，共成八区。1989年郑笑梅在综论泰沂文化区时，认为这一地区可以划分为六个地理区域和地方类型，即胶东半岛、胶莱平原、鲁西北、汶泗流域、沂沭流域和黄泛平原区[16]。1994 年邵望平又把海岱区腹地分为五个类型小区，并认为这五个小区是后世秦帝国分置海岱五郡的历史依据[17]。由于大汶口文化延续时间较长，在不同的发展阶段，文化类型也会有所变化（更何况当前的考古发现未必能反映当时的全面情况）。本文将主要参照栾丰实的意见按早、中、晚三个阶段简述各类型的特征。

第一，大汶口文化早期阶段的遗址发现不多，集中见于山东大部和苏北地区，在胶东半岛也有一些大体同时的遗存。可以划分为三个类型，即王因类型、刘林类型和紫荆山类型（或称北庄一期类型）。

王因类型分布于汶河和泗河中上游的鲁中南区。这一类型与北辛文化的北辛类型一脉相承。王因类型的房址发现不多，均为半地穴式建筑。墓葬发现甚多，以单人一次葬为主，侧身、俯身和屈肢者极少；有一定数量的合葬、单人或多人二次葬。个别遗址（如大汶口）开始出现分组埋葬的现象，标志着家族墓地的诞生。同时还流行成年男女拔除一对上侧门齿和枕骨人工变形的习俗，以及因口中长期含小石、陶球而导致齿弓后部萎缩内收的习俗。陶器以红陶为主，有少量彩陶，其中对角菱形纹和毛边菱形纹具有自身特色。而另一些，如花瓣纹、八角星形纹，则明显借用了仰韶文化彩陶器形、纹样，或用仰韶文化的纹样来装饰大汶口文化自有的器物。器形以各种鼎的数量最多，尤其是釜形鼎，远远多于其他各类型，觚形杯的形制也富于变化，出现了最早的带流鬶，此外还有鏊钵、鏊盆、钵形豆和束腰器座等典型器物。

　　刘林类型分布于淮河支流沂、沭诸河下游的苏北地区。这一类型与北辛文化大伊山类型当有渊源关系。刘林类型仅发现少量的残破房址、灰坑和陶窑。墓葬发现较多，主要见于刘林和大墩子。与王因类型的最大不同在于，刘林类型的绝大多数墓葬没有发现墓坑，二次葬和合葬者很少，未见多人合葬。刘林墓地也出现分群埋葬的现象。这里也流行成年人拔除一对上侧门齿，以及以狗殉葬和使用骨雕筒、龟甲器、獐牙和獐牙勾形器的习俗，这种现象不见或少见于同时期的其他类型。陶器以红陶为主，有一定数量的黑陶和灰陶，彩陶较少。器形有鼎、鬶、罐、豆、钵、盆、壶、觚形杯和圈足杯等。鼎类中以罐形鼎最多，随葬品中有单个或几个联成一体的小杯形器，制作草率，数量甚多，是较具特色的冥器。

　　紫荆山类型分布于胶东半岛及其沿海岛屿地区，最初发现于蓬莱紫荆山遗址[18]，经过大面积发掘的长岛北庄遗址下层遗存最具有代表性，故也可称为北庄一期类型。这一类型直接承之北辛文化白石类型。沿海地区的遗址多形成为贝丘，这当与地利和经济类型有关。这一类型的居址材料丰富。以北庄为例，聚落有一定布局，房址均为方形和长方形的半地穴式建筑；有斜坡门道；穴壁和室内中部有柱洞；地面和穴壁均经过加工或铺垫；灶设于穴壁处，为由灶面、灶坑和灶圈组成的"箕形灶"，一般一室一灶，多者可达三个；居住面周围还设有高起的土台，宽数十厘米不等，土台外侧有矮墙。墓葬为长方形土坑竖穴，葬式为单人仰身直肢，多无随葬品；还发现了室内葬。紫荆山类型的陶器以灰褐色为主，夹砂陶中常羼有滑石末，纹饰以刻划纹和附加堆纹为主，有少量彩陶，短柱或菌状把手为本类型所特有。器形以鼎最多，还有鬶、罐、钵、壶、豆和觚形杯等。其中鼎多数为大口卷沿盆形鼎，其他形制者较少；筒形罐是本区的特征性器物，应由辽东半岛传播而来；鬶的基本形态与其他各区大同小异，但已出现半环形把手，这与鲁中南区和苏北区的羊角形把手有所不同。这里还出土了一件颇为有趣的鸟形鬶（图三）。此外，由于地处海滨，出土石器中捕鱼工具也占有一定比例。

图三　鸟形鬶

除了上述三个类型之外，泰沂山系北侧地区的同时期遗存，如章丘董东、平度韩村等遗址的发现，也有自身特色。但由于目前资料尚少，还难以做出比较详细的分析。

第二，大汶口文化中期阶段的遗存，可以划分为五个类型：大汶口类型、花厅类型、呈子类型、五村类型和北庄二期类型（图四）。这一阶段的大汶口文化分布范围有向西南方向发

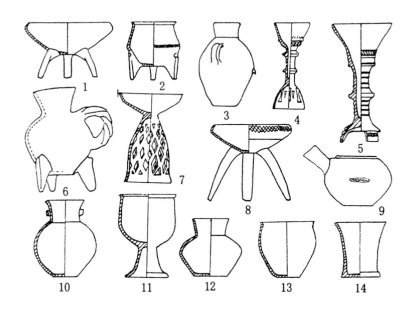

图四　大汶口文化中期大汶口类型陶器

1、8.钵形鼎　2.折腹鼎　3.背壶　4、5.觚形器　6.鬹　7.豆　9.鬶　10.
双鼻壶　11.尊形器　12.宽肩壶　13.深腹罐　14.平底杯

展的趋向，如在安徽亳县付庄就发现了大汶口文化中期的墓
葬，但遗址分布尚不成片，资料也未正式发表，故暂不分立一
个类型。

　　大汶口类型分布于汶泗流域，北起泰山，南达微山湖畔，
东自汶泗河上游，西至大运河沿岸，直接由王因类型发展而
来。房址有半地穴式和地面式两种，并各有方形和圆形两类。
地面式房址则多有基槽，槽内立柱。墓葬中有一定数量的成年
男女合葬墓，墓主的头向绝大多数向东。死者手握獐牙（或獐
牙勾形器）的现象增多，仍流行枕骨人工变形和拔牙的习俗，

但口含小球的习俗已经绝迹。富有墓主开始使用单层木质葬具，随葬品除陶器之外，还有猪头、龟甲器和蚌片等。陶器群中，流行编织纹大镂孔装饰，鼎十分发达，有折腹釜形鼎、罐形鼎、盂形鼎、壶形鼎、盆形鼎、盘形鼎和钵形鼎等，其中折腹釜形鼎的数量最多。此外，实足鬶、背壶、罐形盉、镂孔豆、觚形杯和大镂孔器座等也是这一类型的典型器物。大汶口墓地出土的一件形象生动的猪形鬶（图五），就属于这一阶段偏晚的遗存。

　　我们还注意到，汶河流域的大汶口类型文化遗存和泗河

图五　猪形鬶（引自《大汶口》）

流域的大汶口类型文化遗存之间，还存在着一些差异，如前者白陶较多，折腹釜形鼎、双耳壶较多，流行菱形镂孔；而后者习见的盂形鼎、高足钵形鼎、盘形鼎、三足觚形杯和高圈足盉，彩陶纹样中习见的斜栅纹等与苏北地区的相近。可以说，在同一类型之内还存在着不同的亚型。随着资料的积累，对各文化类型的研究将会进一步深化。

　　花厅类型分布于江苏淮北地区，它是直接由刘林类型发展而来的。花厅类型的房址发现较少，从大墩子遗址出土的三件陶房模型看，房屋为方形或长方形，前面开门，后墙和两侧设窗，攒尖顶，四面有檐[19]。墓地中有少量成年男女合葬墓。到花厅类型晚期还出现了大墓殉人的现象和埋有整猪的祭祀坑，以及用整狗殉葬和使用造型奇特的带柄獐牙勾形器（如大墩子遗址的一百五十六座花厅类型墓葬中，殉狗者七座，每座一或二只，使用带柄的獐牙勾形器者多达二十六座）等习俗，而这些均未见或少见于其他类型。随葬品中玉器较多和生产工具中有一定数量的有段石锛也是这一类型的特色，这应与来自南方的影响有关。陶器的自身特征也十分明显，深腹盆形鼎、瓦足鼎、长颈扁腹鬶、圈足罐、圈足壶、双耳壶、瓦状纹浅盘豆、矮圈足盉和圈足杯等都是典型器物。

　　五村类型主要分布于鲁北地区的淄河流域。在这一地区虽曾调查到少量可能属于大汶口文化早期的遗存，但其与本类型的关系尚不清楚。五村类型的房址未见完整者。墓葬分布十分密集，有分区埋葬的迹象。葬俗以单人葬为主，有少量合葬、二次合葬和迁出葬。墓葬多无随葬品，即使有随葬品，其数量也很少。流行枕骨畸形习俗，但拔牙者却极为罕见。陶器的特征明显。以红陶为主，彩陶所占比例明显高于其他类型（图六）；器类比较简单，以折腹釜形鼎为多见，还有罐、豆、钵、杯等。这里很少发现其他类型常见的钵形鼎、大镂孔豆、鬶、盉和大口尊等，而背壶的形制也和其他类型大异其趣，显示出鲜明的地方色彩[20]。

　　呈子类型主要分布于鲁北地区的潍淄河流域。呈子类型的房址仅发现一座，为挖有基槽的方形地面式建筑，结构比较进步。墓葬发现不多，但其同穴多人叠葬的习俗颇具特色。这里普遍流行拔除侧门齿的习俗，枕骨人工变形的现象比较常

图六　彩陶鼎（引自《山东文物精萃》）

见，手握獐牙的实例则很少，木质葬具的使用也比较普遍，随葬品中的生产工具（尤其是骨器）占有较大比例。呈子类型具有自身特征的陶器有宽流实足鬶、管状流鬶形盉、浅鼓腹罐和直口折腹盆等，而其他类型常见的瓠形杯、背壶、大镂孔豆、编织纹大镂孔器座和高足杯等却很少发现。

胶东半岛地区大汶口文化中期的遗址发现不多，缺乏较大、较丰富的遗址，唯北庄二期的文化面貌比较清楚，故可称为北庄二期类型。它直接由紫荆山类型发展而来。北庄二期墓葬发现不多，均为圆角长方形土坑竖穴墓，头向以朝东为主，有拔牙（拔除下颌骨上的前臼齿和部分臼齿，这与其他类型多拔除上侧门齿明显不同）及使用獐牙随葬的习俗。陶器的特色之一是羼有滑石末或石英砂粒，蘑菇状把手和纹饰中的刻划水波纹为其他类型所少见。

第三，大汶口文化晚期阶段分布范围明显扩大，遗址的数量增多，其共同特征是灰黑陶的比例明显上升，甚至居于首位。据现有资料，这一阶段的大汶口文化至少可以划分为七个类型：西夏侯类型、赵庄类型、陵阳河类型、三里河类型、尚庄类型、杨家圈类型和尉迟寺类型（图七）。

西夏侯类型直接由大汶口类型发展而来，分布范围与之一致。西夏侯类型的房屋建筑以较浅的半地穴式为主，有一定数量的地面式建筑，形状多为方形或长方形，有的灶塘高出地面。陶窑有竖穴窑和横穴窑两类，窑算有数量不一的圆形或椭圆形火眼。墓葬数量较多，以单人仰身直肢葬为主，头向绝大多数朝东，仍保持着头骨枕部人工变形和拔牙的习俗，手握獐牙十分流行。墓葬之间的分化加大，始见棺椁并用的大型墓葬，儿童墓有用大块陶片覆盖头部或全身的现象，或许为瓮棺

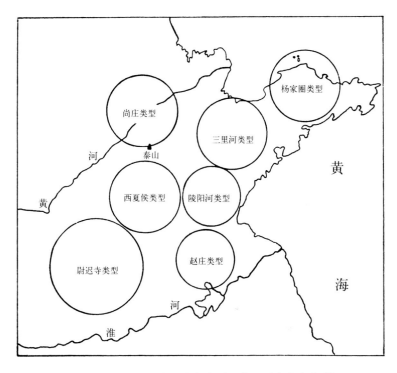

图七　大汶口文化晚期地方类型示意图（栾丰实绘制）

葬的一种地方变体。陶器制作已采用拉坯成型的快轮技术，器表装饰中篮纹占有相当比例，一些泥质陶器上仍有少量彩陶痕迹，同时出现了彩绘陶。一些器物的口沿上出现了鸟喙形装饰。典型器物有白陶袋足鬶、筒形豆、灰陶深腹圜底扁凿足篮纹鼎、台座折腹盘形豆、宽肩壶和瓶等（图八）。

　　赵庄类型分布于苏北地区。可能由于某种历史原因，当地、当时的遗址数量明显减少（或发现较少）。从江苏泗洪县赵庄和安徽灵璧县的部分遗址材料看，此区仍有明显的自身特

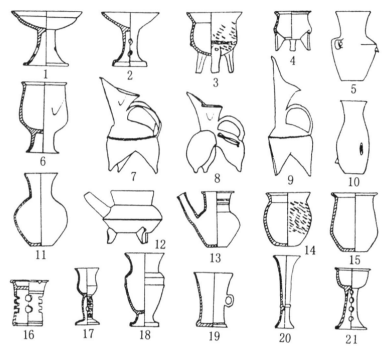

图八　大汶口文化晚期西夏侯类型陶器

1、2.豆　3.篮纹鼎　4.折腹鼎　5、10.背壶　6.豆形壶　7～9.鬶　11.长颈壶　12.三足盉　13.长流盉　14.篮纹罐　15.垂腹壶　16.白陶豆　17.高柄杯　18.瓶　19.单耳杯　20.瓠形器　21.小豆

色。如陶器中篮纹的数量增加，并有一定数量的瓦楞纹装饰，鼎均为圜底鸭嘴形足，不见平底鼎，背壶的颈部加长等。

　　陵阳河类型分布于鲁东南的沂沭河流域和沿海地区。这一类型可能由花厅类型的早期分流而来[21]。陵阳河类型未见合葬墓，但有用残陶鬶足随葬的习俗。其他类型中常见的枕骨人工变形、拔牙和使用獐牙的现象在这里也很少见。这一类型墓葬中随葬的酒具特别多。例如，在陵阳河的四十五座大汶口文化墓葬中，随葬有高柄杯一类饮酒器具竟多达六百六十三件，约占全部出土物的百分之四十五。陵阳河类型最突出的特点是，高大厚实、刻有原始图像文字的大口尊集中见于这一类型。典型器物有宽折沿深腹平底罐形鼎、双腹盆形鼎、圈足盘、折肩深腹尊和大口直壁折腹彩绘盆等。

三里河类型分布于潍河和胶莱河流域，由呈子类型发展而来。这一类型已发现的房址多为半地穴式建筑，有圆形和圆角方形（或长方形）之分。已发现的粮仓表明，这一类型的农业生产已达到较高的水准。在这一类型的墓地中发现少数死者手握獐牙或长条蚌片，而用鱼、蚌匙和螺壳随葬是其葬俗的突出特色。这一类型的随葬品中有较多的鬶和高柄杯，背壶和罐形盉等则很少见；典型器物有平底罐形鼎、浅腹钵形鼎、外折腹浅盘豆、喇叭口深腹尊等，还发现了一件造型生动的残猪鬶和一件狗鬶（图九、一○），并采集到一件龟鬶。

尚庄类型主要分布于鲁西北地区。墓地中有一定数量的二次葬，从死者遗骨上可见有拔牙的习俗，死者手握獐牙者不多。典型器物有管状流高裆四足盉、大口圜底篮纹缸、三足盆和彩陶钵等，其他类型常见的背壶、高柄杯等却较为少见。

杨家圈类型分布于胶东半岛地区，这一类型的遗存发现不多，房址为挖槽的方形房子，四角的柱洞较深较大。墓葬中有少量的多人合葬墓，为同时期其他类型所少见。陶器中未见背壶和盉，典型器物有腹内壁置一周腰沿的"鼎甗"和铆钉形把手的深腹罐。

尉迟寺类型分布于鲁西南、豫东和皖北地区，也曾称为"段寨类型"[22]或"颍水类型"[23]。关于这一类型来源，或谓

图九　猪形鬶（引自《胶县三里河》）

山东东部沿海地区，或谓鲁南苏北[24]。梁中合认为，尉迟寺类型"来自大汶口文化的影响是表面的和广泛的，而来自仰韶文化的影响是内在的和深刻的"。"尉迟寺类型的主人就是来自西方的仰韶人，在其发展过程中吸收了来自大汶口文化的先进的制陶工艺技术，同时保留了许多本身所固有的一些先进的东西，形成了一种颇具特色的文化。"[25]

　　尉迟寺类型的房址以成组的连间方形建筑与海岱区腹地诸类型有明显区别。尉迟寺类型的葬俗与其他类型不同的是儿童普遍使用瓮棺葬，这应是受中原文化影响所致。此外，这里还有拔牙的习俗。陶器中红褐陶所占比例较高，器表装饰以横、斜篮纹居多，可高达近百分之四十，也存在一定数量的绳纹。典型器物有侧三角足罐形鼎、细长颈瘦袋足鬶、宽折沿圈足篮

图一〇　狗形鬶（引自《胶县三里河》）

纹尊、直腹篮纹罐、高颈宽肩瘦腹壶、绳纹鼎式甗以及其他类型也有的黑陶高柄杯、白陶豆之类。

　　总之，从上述早期阶段三类型、中期阶段五类型、晚期阶段七类型的叙述中，可以比较清楚地看到大汶口文化在不断发展、壮大、开拓，至晚期达于鼎盛。早期各类型的源头基本上是北辛文化的当地类型。同一区域早、中、晚期各类型之间，分布范围虽有不同程度的错动，但基本格局并没有发生大的变化，从文化面貌上看，多具有明确的传承关系。

　　最后还要提到的是，在大汶口文化各个发展阶段上，各类型之间存在着文化发展上的不平衡。有的类型文化发展水平较高，在各类型间起主导作用。可以将其称为"中心区"。这种中心区可以是一个，也可能存在几个。就现有资料而言，大汶口文化早中期阶段，以泗河和汶河流域的发展水平最高，如聚落遗址呈现不同的等级、墓葬分组现象的出现、贫富分化产生较早并且比较严重。这一时期的原始习俗也最丰富、发达，如头骨人工变形、拔除侧门齿、口含硬球和骨牙雕筒、龟甲器、獐牙及獐牙勾形器等，均以汶泗流域地区出现最早也最为流行。到大汶口文化晚期阶段，苏北相对呈弱势，而鲁东南的陵阳河类型迅速崛起，其社会发展居于各类型小区的前锋，成为大汶口文化的另一发达中心区。

3. 大汶口文化的分期研究

对大汶口文化的"分期"研究存在着不同的层次和不同的概念。有的所谓"分期"只限于同一个遗址的遗存，如王锡平把大汶口墓地分为四期[26]，郑笑梅等分为五期[27]，韩建业则进一步分为三期六段[28]；严文明将三里河大汶口墓葬细分为三期[29]；栾丰实把花厅大汶口墓地分为三期[30]，燕生东又细分为四期[31]；《邹县野店》分该遗存为八期；《山东王因》分该墓地为三期等等。一般说来，这种分期是大多数发掘报告所必须具有的内容，实际上只是确定该遗址内部单位遗存间（如墓葬、房址）的相对年代。范围稍大的区域性分期，即上述小区类型内的分期，可以成为大汶口文化总体分期的新基础。更高一层次的分期则是以这种考古手段进行的分期为基础，综合遗存所反映的社会经济、社会组织结构等诸多信息而进行的社会发展阶段的分期，或可称为历史分期。社会历史的分期与考古分期虽不应抵触，但其结论又不一定等同。也就是说，考古分期和社会发展分期既相联系又有区别。

如前所述，早在70年代后期就已出现了多种分期意见。1977年山东省博物馆率先提出了早、中、晚三大段和十一小期

（其中期的一、二期为早期阶段，三至七期为中期阶段，八至十一期为晚期阶段）的划分，并绘制了详细的器物分期图[32]，在大汶口文化分期研究上具有开创性。与此同时，高广仁提出了早、中、晚三期的划分意见[33]及其地层依据（表一），和以地层学为基础的典型器物（觚形器、背壶、陶鬶）的形态学分期依据，在分期研究的方法论上具有示范性。但上述两文的分期，都未能把地区间的差异考虑进去，正如高广仁所说："本文所排的相对年代及分期，主要依据了泰山以南到苏鲁边境一带的四处典型遗址的材料。因此，它必然带有地区的局限性。"而且，当时作者虽然注意到以"大墩子下层"为代表的一类更早的遗存可能另立文化，但由于缺乏公开发表的材料，最终还是未能将其从大汶口文化中分离出去。关于这一阶段还有多种分期意见，这已在本书第一部分撮要作了介绍。此外，1980年济南市博物馆于中航还提出了早、晚两期的划分[34]。

表一 **大汶口文化分期地层依据示意表**（高广仁绘制）

龙山晚期中期早期				上文化层 中文化层 下文化层
		晚期墓 M10	上层墓	
		中期墓 M9	下层墓	
		早期墓 M23 M26		
	晚期墓 M16			
晚期墓 M72	早期墓 M30			
早期墓 M102	下文化层			
刘 林	大 墩 子	大 汶 口	西 夏 侯	东 海 峪

　　1982 年发表的吴汝祚《论大汶口文化的类型与分期》[35]
一文，开始把分期与分区（类型）研究结合起来进行。该文先
把大汶口文化分为鲁中南区、苏北区、山东东部区三个区域，
从各区分别选择数处典型遗址进行分期；然后综合归结为前、
后两个阶段，各阶段又细分为早、晚各两期。这一分期与山东
省博物馆的分期和高广仁的三期划分在相对年代上是一致的，
主要是把考古分期与社会方面的显著变化结合起来进行分期。
1984 年邵望平在《新发现的大汶口文化》一文中，以八处遗
址的地层及其陶器为依据再作三期的划分，把王因、大墩子、
大汶口三处遗址的下文化层和东海峪中、上层从大汶口文化中
分离出去。栾丰实 1991 年所作的分期在方法论上有了明显的
进步，它先将大汶口文化分为八个小区，即鲁中南、苏北、鲁
东南、潍河流域、鲁中北、鲁西北、胶东半岛和鲁西南皖北豫
东区，在每个小区中选出几处经过发掘的典型遗址，将这些遗
址逐个进行分期，再排出每个小区文化的发展序列，最后把八
个小区的期别做横向对比，形成整个大汶口文化的分期。在这
一方案中，大汶口文化发展全过程被细分为十一段，再并为六
期，最终结合社会经济发展水平、社会结构和社会性质的变化
等因素，把六期综合为三个大的社会发展阶段。这一分期研究
实际上包含了上文所说的三个不同层次考古分期，即遗址的分
期、区域类型的分期和文化整体的分期，这样在一定程度上便
保证了分期的准确性（表二）。

　　至于早、中、晚三期的文化特征，已在类型特征中分别作
了介绍，不再赘述。

表二 大汶口文化各区域典型遗址分期对应关系表（栾丰实绘制）

分期		王因	野店	大汶口	刘林	大墩子	花厅	陵阳河	大朱村	三里河	五村	尚庄	尉迟寺
早期阶段	一期	1	1	1	1	1							
		2	2	2	2	2							
	二期	3	3	3	3	3	1						
		4	4	4	4	4	2						
中期阶段	三期	5		5	5		3						
		6		6	6		4	1				1	
	四期	7			7			2				2	1
晚期阶段	五期	8		7	8			3	1	1	1	3	2
		9		8	9				2	2	2		1
	六期	10		9	10				3	3	3		
		11		10					4	4	4		2

（二）大汶口文化绝对年代的推定

关于大汶口文化的绝对年代，可以在分期的基础上，依据碳十四测年数据来加以分析推定。截至目前，已有大汶口文化的碳十四测年数据七十个[36]（表三）。今按早、中、晚三个阶段略作分析。

属于早期阶段的数据有三十八个，分别出自王因、大汶口、野店、邱家庄、蛤堆顶、大仲家、北庄和韩村遗址。前六处遗址的十八个数据，高精度树轮校正年代在公元前4358年至前2879年之间。如果按每一个数据上、下限的中点（以下称为平均年代）计算，其中十九个落在公元前4260年至前3507年之间。

表三　　　　　　大汶口文化 ¹⁴C 年代数据一览表

期别	实验室编号	标 本 号	样 品	测定年代	校正年代
	ZK－461	王因 T2105H37 下 F	木炭	5310±100	4211－3818
	ZK－463	王因 T249②	木炭	4670±90	3371－3048
	ZK－464	王因 T265H1②	木炭	5270±90	4032－3790
	ZK－774	王因 T4003③H1	木炭	4395±110	3700－3382
	ZK－775	王因 T4018③H4010	木炭	4900±100	3682－3380
	ZK－773	王因 T409③H413	木炭	5375±200	4333－3788
	BK－79010	大汶口Ⅰ T317④B	木炭	5410±90	4233－3991
	BK－79011	大汶口Ⅰ T412④A	木炭	5590±90	4358－4162
	BK－79013	大汶口Ⅳ T415④B	木炭	5180±90	3970－3705
	BK－79015	大汶口Ⅰ T413④A	木炭灰	5390±80	4226－3987
早	BK－79017	大汶口Ⅰ T318④B 下 H2026	木炭	5350±90	4218－3828
	ZK－164	野店 T2548④柱洞	木炭	5230±200	4216－3690
	ZK－873	邱家庄 T8③柱洞	木炭	5090±90	3930－3648
	ZK－874	邱家庄 T9②10 号柱洞	木炭	4940±120	3772－3380
期	ZK－2945	邱家庄第②层	贝壳	4642±92	3358－3035
	BK－82021	北庄 T1③F1Z1	木炭	4680±80	3371－3101
	BK－82022	北庄 T1③BF2	木炭	4600±70	3338－2948
	BK－82023	北庄 T7⑤A	木炭	4780±70	3508－3347
	BK－82025	北庄 T3③	木炭	4815±80	3616－3359
	BK－82029	北庄 T2③AH12	木炭	4625±70	3345－3039
	BK－82031	北庄 T7⑤A 下 H39	木炭	4735±70	3496－3147
	BK－82032	北庄 T5④F9	木炭	4650±90	3365－3042
	BK－82033	北庄 T5④F9 地面	木炭	4765±80	3508－3340
	BK－86079	北庄 F60 居住面	木炭	4950±80	3696－3389
	BK－86080	北庄 F68③填土	木炭	5210±85	3982－3780

续表三

期别	实验室编号	标　本　号	样品	测定年代	校正年代
	BK－86081	北庄 F47 居住面	木炭	5050±90	3785－3635
	BK－86082	北庄 F71 居住面	木炭	4790±85	3602－3345
	BK－86083	北庄 F11 居住面	木炭	5140±80	3943－3699
	BK－87089	北庄 F88① 填土	木炭	4980±90	3774－3521
	BK－87090	北庄 F84Z1	木炭	4900±100	3682－3380
	ZK－2662	韩村 T606③、T706③	木炭	3799±123	2290－1920
	ZK－2663	韩村 T303④	木炭	4621±108	3360－2930
	ZK－2664	韩村 T606④	木炭	4413±95	3030－2708
	ZK－2665	韩村 T1206⑥	木炭	3993±135	2571－2143
	ZK－2666	韩村 T1206⑥	木炭	4412±131	3040－2700
	ZK－2944	牟平蛤堆顶第④层	贝壳	4884±90	3641－3373
	ZK－2950	牟平蛤堆顶第③层	贝壳	4892±82	3641－3377
	ZK－2946	蓬莱大仲家第④层	贝壳	4445±89	3032－2879
中	ZK－317	鲁家口Ⅰ T1⑤	木炭	3910±95	2456－2048
期	ZK－882	鲁家口Ⅲ T5⑥	木炭	4795±90	3612－3347
	ZK－883	鲁家口Ⅲ T6⑤	木炭	4385±80	2923－2706
	ZK－460	呈子 T1M7	木炭	4905±150	3772－3370
	BK－82024	北庄 T7④	木炭	4715±70	3490－3137
	ZK－361	三里河 M2110	人骨	3560±105	1920－1680
	ZK－362	三里河 M2112	人骨	3705±95	2132－1826
	ZK－365	三里河 M301	人骨	5070±80	3787－3644
	ZK－391	三里河 M267	人骨	3665±140	2133－1740
	ZK－470	东海峪 T443⑤	木炭	4330±110	2919－2619
	ZK－479	东海峪 T412③	木炭	4190±150	2886－2460
晚	ZK－947	陵阳河 M12	人骨	3375±100	1690－1440
	ZK－958	陵阳河 M19	人骨	3630±90	2019－1746
期	BK－82037	杨家圈 T3④B	木炭	4210±80	2873－2502
	BK－83034	前寨 M60	人骨	3660±80	2032－1777
	ZK－1158	南兴埠 T1⑦下 F1	木炭	4055±80	2573－2343
	ZK－1159	南兴埠 T1⑧	木炭	4100±100	2851－2398
	ZK－2561	尉迟寺 T3H42	木炭	4065±100	2580－2330
	ZK－2562	尉迟寺 H45	木炭	4200±105	2876－2487
	ZK－2563	尉迟寺 T4F1	木炭	4225±90	2878－2502
	ZK－2596	尉迟寺 T14⑦	炭和泥	3520±145	1920－1530

续表三

期别	实验室编号	标 本 号	样品	测定年代	校正年代
	ZK－2597	尉迟寺 T14H63	炭和泥	3680±80	2108－1776
	ZK－2598	尉迟寺 T12H70	炭和泥	3225±90	1498－1318
	ZK－2688	尉迟寺 T2430⑥F10 柱洞	木炭	3944±89	2462－2143
	ZK－2689	尉迟寺 T2421F11 居面	木炭	4104±90	2652－2409
晚	ZK－2690	尉迟寺 T2422⑥F13	木炭	4036±87	2568－2305
	ZK－2691	尉迟寺 T2423⑥F14	木炭	3664±87	2034－1773
期	ZK－2692	尉迟寺 T2430⑥F10 居面	木炭	3573±82	1901－1688
	ZK－2848	尉迟寺 F37	木炭	3814±85	2197－1957
	ZK－2772	建新 T2458H9	木炭	3899±80	2327－2044
	ZK－2773	建新 T2889H46	木炭	3934±95	2454－2056
	ZK－2774	建新 T1961H21	木炭	3834±78	2271－1980

　　韩村遗址公布了五个数据，发掘者认为这一遗址属于大汶口文化早期，其测定数据的平均年代最早为公元前 3145 年，最晚的一个为公元前 2105 年，均嫌太晚。但因发掘资料尚未公布，此问题只能留待以后探究。

　　北庄遗址有十五个数据，平均年代在公元前 3881 年至前 3143 年之间，较之王因等遗址的数据明显偏晚，许多人都注意到这一现象，其原因待查。但我们从中发现，北庄大汶口文化早期阶段的十五个数据，是 1982 年（八个）、1986 年（五个）和 1987 年（二个）分三批测定的。前一次的八个数据的平均年代在公元前 3488 年至前 3143 年之间，基本上都晚于王因等遗址的测定年代；后两次的七个数据的平均年代在公元前 3881 年至前 3474 年之间，除了一个数据（BK－86082）略晚之外，余者都落在王因等遗址的测定年代范围之内。详细的分析需要北庄遗址的发掘资料全面公布之后方能进行，不过，不能排除存在测定技术方面的原因。总之，大汶口文化早期阶段的年代，可大体确定在公元前 4200 年至前 3500 年之间，前后延续了约六七百年。

属于中期阶段的有五个数据，分别出自鲁家口、呈子和北庄遗址，属于大汶口文化第三期。高精度树轮校正年代在公元前 3774 年至前 2048 年之间，其中鲁家口的 ZK‑0317 为公元前 2456 年至前 2048 年，明显偏晚，这个数据测定的时间较早，曾被学术界作为大汶口文化的下限年代而广泛引用，造成了大汶口文化下限年代较晚的假象，现在看来应该弃置不用。ZK‑0883 采自地层，也略偏晚。其他数据的平均年代在公元前 3571 年至前 3314 年之间，上限与早期阶段的数据稍有交错，加上第四期，可以推定大汶口文化中期阶段的年代约在公元前 3500 年至前 3000 年前后，延续了约五百年的时间。

晚期阶段的数据有二十七个，分别出自东海峪、前寨、陵阳河、南兴埠、杨家圈、三里河、尉迟寺和建新等遗址。在这二十七个数据中，三里河、陵阳河和前寨遗址的七个数据是用人骨标本测定的，高精度树轮校正年代的平均值，除一个（三里河 ZK‑365）过早之外，其他六个在公元前 1979 年至前 1565 年之间，明显偏晚，其原因尚待研究[37]。

建新和尉迟寺共有十五个数据，除了尉迟寺的两个（ZK‑2562、ZK‑2563）接近公元前 2700 年，其余十三个数据的平均年代在公元前 2531 年至前 1408 年之间，均偏晚，颇令人费解。

东海峪、杨家圈和南兴埠的五个数据，在分期上属于大汶口文化第六期，其中南兴埠的一个数据（ZK‑1158）略晚，其余四个在公元前 2769 年至前 2625 年之间。如果加上第五期所占时间，大汶口文化晚期阶段的年代可大致定在公元前

3000 年至前 2600 年之间，前后延续了约四百年。

综上所述，大汶口文化的绝对年代约在公元前 4200 年至前 2600 年左右，前后延续了大约一千五六百年的时间。早、中、晚三大阶段的分界，分别在公元前 3500 年和公元前 3000 年前后。

（三）大汶口文化来源和去向的探讨

分期和年代问题的解决，特别是大汶口文化早期之初和晚期之末文化面貌的明确，就为大汶口文化的来源与后续问题的探讨提供了基础。

1. 大汶口文化来源的探讨

早在 60 年代前期，大汶口文化发现和确立之初，中国科学院考古研究所的学者就在鲁中南地区的调查中，发现了早于刘林、大墩子遗存的线索，这一线索曾被称为"西桑园类型"或"北辛类型"。实际上早于大汶口文化的遗存，早在 50 年代已有所发现。最早发现于苏北连云港的二涧村遗址[38]，1963年发掘的邳县大墩子遗址的下文化层也属早于大汶口文化的堆积。1964 年发表的大墩子发掘报告，将这一类遗存称为青莲岗类型，并依据大墩子的层位关系确定其早于刘林墓地遗存。大汶口文化来源问题由于先期的这些发现材料发表得过于简约，并且又受到文化命名方面的困扰，而未能及时获得解决。

1974 年开始的对大汶口遗址的再发掘和 1975 年开始的王因遗址发掘都出现了与大墩子遗址相似的情况，即在相当于刘林遗存的墓地之下发现了与大墩子下层相当的遗存。对于大墩子下层遗存，有的学者把它归入大汶口文化作为最早的一期，或者视为青莲岗文化的早期。尽管名称不同，但对这类遗存早于刘林遗存的相对年代的认识则完全一致[39]。直到1978年和1979年中国社会科学院考古研究所山东队等对滕县北辛遗址的大面积发掘，才使学术界比较清楚地了解到这一类遗存的整体面貌，随之提出北辛文化的命名。上述大墩子、大汶口、王因的层位关系确立了北辛文化早于大汶口文化的相对年代。而两者之间在文化上的传承关系是经过一些学者的类型学研究之后才确定的。吴汝祚、郑笑梅曾分别作过分析比较。吴汝祚认为北辛文化的釜形鼎、钵形鼎、小口双耳罐、钵和支座等器形与大汶口文化早期的同类器形之间有密切的传承关系，并对大汶口文化源于裴李岗—磁山文化的意见进行了驳议，得出大汶口文化源自北辛文化、而与裴李岗—磁山文化不属于一个文化系统的结论[40]。郑笑梅则在对北辛文化进行分期的基础上，着重就鲁中南汶泗流域地区的北辛文化和大汶口文化进行了分析比较。她认为，这两支文化有着一致的分布范围，经常在同一遗址共存，并且总是大汶口文化叠压北辛文化。釜形鼎、盂形鼎、三足碗和小口双耳壶等四种北辛文化的典型器形，都以略加变化的形式发展到大汶口文化早期（图一一）。因此，"可以说在北辛文化晚期已孕育着大汶口文化的因素，大汶口文化早期又沿袭了北辛文化的一些基本特征"[41]。此外北辛文化的墓穴为长方形土坑，葬式以单人仰身直肢葬为主，兼有多人同性合葬、二次葬，墓向朝东，成年人流行拔除侧门齿[42]等特点，也均被当地的大汶口文化早期居民所继承。大汶口文化直接源于北辛文化的意见很快被学术界所接受。

1992年，张忠培、乔梁提出了大汶口文化来自后冈一期文化的主张。他们认为：磁山·裴李岗文化和老官台文化分别

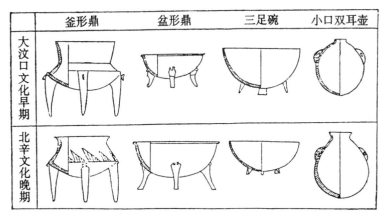

图一一 北辛文化晚期与大汶口文化早期部分器物关系图(郑笑梅绘制)

是面向海洋、面向内陆的两大文化系统，磁山·裴李岗文化与北辛文化是同一文化谱系中不同发展阶段的考古学文化，而磁山·裴李岗文化通过北辛文化的中继与后冈一期文化发生联系。后冈一期文化最盛期的分布范围，东起山东的胶东半岛，向西"不仅占据了汾河流域和张家口地区，并且将势力范围扩大到河套地区"。由于半坡—庙底沟文化势力膨胀并向东步步进逼，后冈一期文化在黄河以西地区逐步被取代，只保留住具有深厚基础的黄河以东的山东地区，并且在庙底沟文化的影响下过渡为大汶口文化[43]。

2. 大汶口文化去向的确定

大汶口墓地发掘之初，其与龙山文化的关系曾引起人们的广泛关注。1962年和1963年发掘的曲阜西夏侯遗址，第一次发现大汶口墓地一类遗存（当时被称为"堡头类型"）早于龙山文化的层位关系。这时，杨子范、王思礼就提出"堡头类型"和"两城类型"虽然存在一些差异，但在许多方面又有共性，并从生产工具、生活用具、陶器纹饰、陶质、制陶技术和埋葬制度等六个方面，分析了两者之间在物质文化上的一致性和继承发展关系，进而得出它们是龙山文化两个不同的发展阶段的结论[44]。这一讨论实际上已涉及大汶口文化与龙山文化的传承关系问题。1974 年出版的大汶口墓地发掘报告，在结语中专节讨论了大汶口文化和龙山文化的关系。文中肯定它们是先后相承的两个文化，并从两者具有共同的分布区域、地层相互叠压和文化的继承性等三个方面加以简要论证，认为已经"看到了大汶口文化向山东龙山文化过渡的具体环节"[45]。

1975 年发掘的日照东海峪遗址，发现了大汶口文化晚期（下层）、大汶口文化向龙山文化过渡期（中层）和龙山文化早期（上层）相叠压的著名"三叠层"，并且从若干类陶器器形的形态上（如鼎、鬶、罐、高柄杯、小壶、盆等）把大汶口文化和龙山文化有机地连接了起来。这样，东海峪的发现就从地层学和器物类型学两个方面证明大汶口文化和龙山文化两者之间有着一脉相承的传承关系[46]。这一发现和结论得到学术界多数人的认可。此后，有的学者甚至认为大汶口文化和龙山文化"联结得如此紧密，以致在划分界限上可能发生混淆的现象"[47]。以今天的认识反观东海峪的"三叠层"，下层属于大汶口文化末期，中层属于龙山文化最早期，完全可以证明两者之间是连续发展的。同时，1974 年至 1975 年胶县三里河的发掘收获[48]、对鲁中南地区大汶口文化与龙山文化关系的研究[49]，以及不同区域的材料都殊途同归地证实了大汶口文化与龙山文化存在直接传承关系结论的可靠性。当然，也有学者对大汶口文化和龙山文化的分界细节上存在着不同的看法[50]。为了准确地划定大汶口文化和龙山文化的分界，韩榕专门探讨

了两者之间的过渡问题，提出诸城石河头 M2 和临沂湖台 M2
是大汶口文化与龙山文化的界标，并认为从大汶口文化末期到
完全过渡为龙山文化，在时间上不会少于二百年[51]。

注　释

[1] 高广仁《山东史前考古的几个新课题》，《中国考古学论丛》，科学出版社
　　 1993 年版。

[2] 张学海《论四十年来山东先秦考古的基本收获》，《海岱考古》，山东大学出
　　 版社 1989 年版。

[3] 郑笑梅《论泰沂文化区》，《海岱考古》，山东大学出版社 1989 年版。

[4] 韩榕《海岱文化刍议》，《中国考古学论丛》，科学出版社 1993 年版。

[5] 栾丰实《海岱地区考古研究·前言》，山东大学出版社 1997 年版。

[6] 韩榕《胶东史前文化初探》，《山东史前文化论文集》，齐鲁书社 1986 年版。

[7] 烟台市文物管理委员会、中国社会科学院考古研究所胶东半岛贝丘遗址研究
　　 课题组《山东省蓬莱、烟台、威海、荣成市贝丘遗址调查简报》，《考古》
　　 1997 年第 5 期。

[8] 杨立新《安徽淮河流域的原始文化》，《纪念城子崖遗址发掘 60 周年国际学
　　 术讨论会文集》，齐鲁书社 1993 年版。

[9] 周口地区文化局文物科《周口市大汶口文化墓葬清理简报》，《中原文物》
　　 1986 年第 1 期。

[10] 郑州市博物馆《郑州大河村遗址发掘报告》，《考古学报》1979 年第 3 期。

[11] 李步青、王锡平《胶东半岛新石器文化初论》，《考古》1988 年第 1 期。

[12] 参见栾丰实《仰韶时代东方与中原的关系》，《考古》1996 年第 4 期；《辽东
　　 半岛南部地区的原始文化》，《海岱地区考古研究》，山东大学出版社 1997 年
　　 版。

[13] 吴汝祚在提出上述三区之后，还认为山东境内的黄河以北的聊城等地区可能
　　 是另外一区。参见《论大汶口文化的类型与分期》，《考古学报》1982 年第 3
　　 期。

[14] 邵望平《〈禹贡〉九州的考古学研究——兼说中国古代文明的多源性》，《九
　　 州学刊》总第 5 期第 15、17 页，1987 年 9 月。

［15］栾丰实《关于鲁北地区考古的几个问题》，原计划所载的《海岱考古》第二辑，因故未能出版。

［16］郑笑梅《论泰沂文化区》，《海岱考古》第一辑，山东大学出版社 1989 年版。

［17］邵望平《从海岱区先秦历史沿革看秦置郡县的依据》，《中国考古学与历史学之整合研究》，中央研究院历史语言研究所出版品编辑委员会出版，1997 年。

［18］山东省博物馆《山东蓬莱紫荆山遗址试掘简报》，《考古》1973 年第 1 期。

［19］南京博物院《江苏邳县大墩子遗址第二次发掘》，《考古学集刊》第 1 集，中国社会科学出版社 1981 年版。

［20］常兴照《论五村类型》，《青果集——吉林大学考古系建系十周年纪念文集》，知识出版社 1998 年版。

［21］高广仁《莒文化的考古学研究》，《莒文化研究文集》，山东人民出版社 2000 年版。

［22］王震中《略论“中原龙山文化”的统一性与多样性》，《中国原始文化论集——纪念尹达八十诞辰》，文物出版社 1989 年版。

［23］杜金鹏《试论大汶口文化颍水类型》，《考古》1992 年第 10 期。

［24］栾丰实《太昊与少昊的考古学研究》，《中国史研究》2000 年第 2 期。

［25］梁中合《尉迟寺类型初论》，《青果集——吉林大学考古系建系十周年纪念文集》，知识出版社 1998 年版。

［26］王锡平《试论大汶口墓葬所反映的社会性质》，《山东史前文化论文集》，齐鲁书社 1986 年版。

［27］山东省博物馆《谈谈大汶口文化》，《文物》1978 年第 4 期。

［28］韩建业《大汶口墓地分析》，《中原文物》1994 年第 2 期。

［29］严文明《山东史前考古的新收获——评〈胶县三里河〉》，《考古》1990 年第 7 期。

［30］栾丰实《花厅墓地初论》，《东南文化》1992 年第 1 期。

［31］燕生东《花厅墓地的分期与文化性质》，《刘敦愿先生纪念文集》，山东大学出版社 1998 年版。

［32］同［27］。

［33］高广仁《试论大汶口文化的分期》，《考古学报》1978 年第 3 期。

［34］钟航《略论大汶口的男女合葬墓》，《文物集刊》（1），文物出版社 1980 年版。

［35］吴汝祚《论大汶口文化的类型与分期》，《考古学报》1982 年第 3 期。

［36］中国社会科学院考古研究所《中国考古学中碳十四年代数据集（1965～

1991)》，文物出版社 1991 年版；《放射性碳素测定年代报告》，《考古》1992 年第 7 期、1993 年第 7 期、1995 年第 7 期、1999 年第 7 期。

[37] 赵朝洪《北方新石器文化中人骨标本的碳十四年代的初步分析》，《考古学研究（二）》，北京大学出版社 1994 年版。

[38] 南京博物院《江苏新海连市锦屏山地区考古调查和试掘简报》，《考古》1960 年第 3 期。江苏省文物工作队《江苏连云港市二涧村遗址第二次发掘》，《考古》1962 年第 3 期。略晚时候发掘的连云港大村遗址，时代与二涧村相若，参见江苏省文物工作队《江苏新海连市大村遗址勘查记》，《考古》1961 年第 6 期。

[39] 参见《文物集刊》（1）中（文物出版社 1980 年版）高广仁、山东省博物馆、南京博物院、严文明等的文章。

[40] 吴汝祚《试论北辛文化——兼论大汶口文化的渊源》，《山东史前文化论文集》，齐鲁书社 1986 年版。

[41] 郑笑梅《试谈北辛文化及其与大汶口文化的关系》，《山东史前文化论文集》，齐鲁书社 1986 年版。

[42] 中国社会科学院考古研究所山东工作队《山东汶上县东贾柏新石器时代遗址发掘简报》，《考古》1993 年第 6 期。

[43] 张忠培、乔梁《后冈一期文化研究》，《考古学报》1992 年第 3 期。

[44] 杨子范、王思礼《试谈龙山文化》，《考古》1963 年第 7 期。

[45] 山东省文物管理处等《大汶口》第 119 页，文物出版社 1974 年版。

[46] 山东省博物馆、日照县文化馆东海峪发掘小组《一九七五年东海峪遗址的发掘》，《考古》1976 年第 6 期。

[47] 安志敏《略论三十年来我国的新石器时代考古》，《考古》1979 年第 5 期。

[48] 中国社会科学院考古研究所《胶县三里河》，文物出版社 1988 年版。

[49] 栾丰实《龙山文化尹家城类型的分期及其源流》，《华夏考古》1992 年第 2 期。

[50] 王恩田《龙山文化的渊源及其上限》，《山东龙山文化研究文集》，齐鲁书社 1992 年版。

[51] 韩榕《浅谈大汶口文化向龙山文化的过渡》，《庆祝苏秉琦考古五十五年论文集》，文物出版社 1989 年版。

三　大汶口文化经济和社会状况的研究

（一）社会经济发展的分期研究

如前所述，目前关于大汶口文化的分期有各种不同的意见。我们在讨论大汶口文化的社会经济和社会状况问题时，主要采用早中晚三个阶段（或称三大期）的划分方案。大汶口文化在经济和社会结构上产生重大变化的界标，一个是早中期之交，绝对年代在距今 5500 年前后，一个是中晚期之际，绝对年代在距今 5000 年前后。有时为了强调社会变化的阶段性，会把中晚期的材料合并使用，也可以说是一种前、后两大期的分期法。

各种物质生产活动总称为社会经济。大汶口文化时期的社会经济主要包括与生业有关的经济、手工业经济和与建筑有关的经济活动。对此，邵望平、栾丰实曾进行过归纳和论述[1]。

1. 有关生业经济的发现和研究

所谓生业，是指与人类生存直接相关的经济活动，主要包括农业、家畜饲养、渔猎和采集等生产活动。农业是大汶口文化最主要的经济部门。农业生产以粟作为主，同时还出现了黍，也可能有了稻作农业。作为农业发展水平重要标志的农业工具，主要有石铲、石镰、石刀和角锄、牙镰、牙刀等。而石斧、石锛等也可用于伐树垦荒，应视为与农业相关的工具。大汶口文化的农具制作得较北辛文化的精致，石器多通体磨光，刀部比较锋利，骨牙器也广泛地运用于农业生产活动。从已发现的工具种类看，收获工具要多于翻土和中耕的工具。这一方面可能因为较多的木质工具未能保存至今，另一方面也表明大汶口文化的农业水平并不很高。

早期阶段，农作物实物标本发现较少，长岛北庄遗址发现有黍壳[2]，牟平蛤堆顶、蓬莱大仲家和福山邱家庄等遗址则发现粟的硅酸体[3]。粟是重要的旱作农作物，现主要栽培于中国、印度和朝鲜半岛，在中国分布于淮河以北地区。一般认为，粟是由狗尾草驯化而来，其最初的起源地应在黄河流域，海岱地区即为其中之一。此外，在兖州王因遗址还检测出少量水稻的花粉[4]，如果今后能得以确认，那么，水稻出现在海岱地区的时间将大大提前。发现的农具数量较少，种类也只有石铲和石刀等，而用于砍伐和加工的斧、锛、凿等相对较多，工具以磨制为主，仍有少量打制砍砸器等。一种用陶片打制的陶尖状器，在王因、大汶口遗址有较多发现，但其用途不详（图一二）。

中期阶段，有关农作物的发现仍然不多，枣庄建新 H135 出土了轻度炭化的粟粒[5]，莱阳于家店遗址发现有粟壳[6]，广饶傅家的彩陶鼎内也有粟粒[7]。这一阶段新出现的农业工具有肩石铲和骨锄、角锄及蚌刀、蚌镰等，用于收获的刀和镰的数量明显增加。在对大汶口文化农业工具的认定上，吴诗池和不少学者一样，把穿孔石钺等也作为农业工具对待[8]。

晚期阶段，农作物的考古发现增多，枣庄建新遗址 F1 和 H218 均发现炭化的粟粒，胶县三里河遗址不仅出土了数量较多的炭化和灰化的粟粒，还从红烧土块上鉴定出粟叶的痕迹[9]。莒县陵阳河遗址 M12 人骨的碳十三测定发现，其食谱

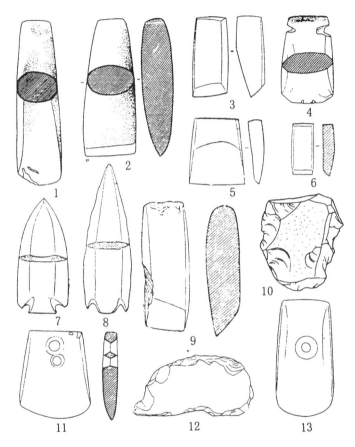

图一二　大汶口文化早期王因遗址出土工具（引自《山东王因》）

1、2.石斧　3、5、6、9.石锛　4.石锄　7、8.石镞　10.打制砍砸器
11、13.有孔石斧　12.陶尖状器

中有约四分之一为 C_4 成分[10]，由 C_4 成分看，可能是以粟类
为主食的。皖北的蒙城尉迟寺遗址，在多份土样的植物硅酸体
分析中，不仅发现大量的粟类硅酸体，还存在甚多的栽培水稻

的硅酸体。在数量统计中发现，粟的硅酸体由早至晚逐渐减少，而水稻的硅酸体则相反[11]，这是目前比较确凿的大汶口文化存在水稻的证据。水稻首先在大汶口文化分布区的南部出现，暗示着它是从南方地区传播过来的。这一时期农具在生产工具中的比例进一步上升，制作农具的材料也拓宽了，石、骨、牙、蚌均有。农具的规格逐渐定型化，斧、锛（斤）的造型规整，磨制技术精良。这一时期还出现双孔或无孔的长方形石刀，以及既可用于木工加工又可农用的新型有段石锛。

大汶口文化的农业随着生产水平的提高，在中晚期阶段已经有了较多的粮食剩余。如在三里河遗址曾发掘出一座储存粮食的仓库，发现时房内窖穴中还保存着 1.2 立方米的灰化或炭化粟粒，由于几千年的腐朽灰化，体积已大大缩小，很可能原来是装满窖穴的[12]，窖穴的容积约为 2.8 立方米，一窖穴粟的重量当有数千斤。如果不是农业有了较大发展，这种现象是不可能出现的。

大汶口文化时期家畜饲养业获得较大发展，它不仅已成为人们肉食的重要来源，而且还可以提供皮毛资源和畜力。到中晚期猪已变成私有财富的象征，出现了大量殉葬猪骨的风习。

早期阶段饲养的家畜主要是猪和狗，还有牛和羊。刘林遗址早期一条灰沟底部有二十个猪牙床堆放在一起，在文化层内出土猪牙床一百七十余件、牛牙及牛牙床三十件、狗牙床十二件、羊牙床八件。在野店遗址发现了两个可能为祭祀而挖的圆坑，每坑埋有一猪。刘林和大墩子早期墓葬中还有用整狗随葬的现象。

中晚期阶段，家畜饲养业有了进一步发展，猪的数量激增。墓葬中盛行用整猪、猪头或猪下颌骨殉葬。例如，大汶口

墓地的一百三十三座墓葬中，有四十三座墓使用猪头，其中
M13多达十四个；三里河有十八座墓葬随葬猪下颌骨一百四
十四件，其中 M302 多达三十七件。这种现象在花厅、陵阳
河、前寨、尚庄等遗址都可以见到。经鉴定，大汶口遗址的猪
骨中，成年母猪占较大比例，大墩子遗址发现有饲养至两年的
大猪遗骨。大墩子遗址还发现一件陶畜圈模型。三里河遗址一
座规整的袋状灰坑，在上下不到 30 厘米的空间内出土五具完
整的幼猪骨骼（图一三），有人认为是一座猪圈[13]，但更可能

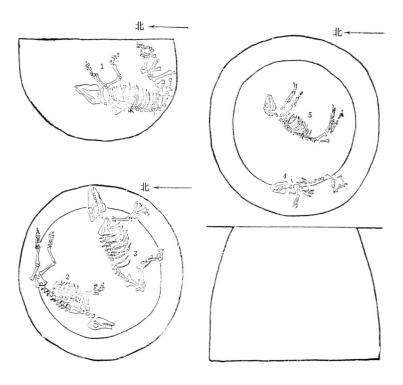

图一三　三里河遗址大汶口文化祭祀用猪坑（引自《胶县三里河》）

是一个祭祀坑。此外，还发现一些仿家畜器物和雕刻艺术品，如大汶口遗址和三里河遗址随葬的猪形鬶（图五）、刘林遗址的牙雕猪头、花厅遗址的猪形罐等等。这一切都说明大汶口文化中晚期家畜饲养业发展迅速，已成为社会物质财富的一个重要来源，从而提高了人们的物质生活水平；同时养猪业在经济领域中的重要性，也渗透到精神文化中来，甚至渗透到原始信仰中来，因而才有较多表现家猪的艺术品留至今日。

大汶口文化时期，作为农业的副业，渔猎和采集活动在社会经济中占有重要的地位。其原因是，海岱地区西部有众多的湖泊和河流，东部有黄海、渤海环绕，沿岸线长达三千多公里，水产资源十分丰富；海岱区各地，特别是中部的丘陵和山地，林木繁茂，栖息着各种飞禽走兽，陆生动物资源丰富，而海岱地区地处暖温带，气候适宜，一年中大部分时间都有可供采集的根、茎、叶、果实、种子等食用植物。

大汶口早期阶段的渔猎采集较为重要。特别是在有着广阔水域的西部地区，如刘林、王因和大汶口等早期遗址，出土的渔猎工具数量多、质量好。有尾部带倒刺的骨、角质鱼镖（图一四），各种形制的骨、角、牙质箭头，环柄匕首及大量的网坠等。与此相对应，还发现了大量人们食剩的兽类和鱼类的残骨以及蚌壳、螺壳，上述那种由陶片打制的尖状器有可能是用来撬开蚌壳的工具。以王因为例，经鉴定的各类动物残骨和介壳标本多达近万件[14]。鉴定结果为：哺乳类有家猪、水牛、黄牛、狗、狼、狐、貉、獾、水獭、野猫、虎、棕熊、水鹿、白唇鹿、梅花鹿、四不像、狍、獐、野猪；鸟类有家鸡、雁、灰鹤；爬行类有乌龟、鳖、扬子鳄（鼍）；硬骨鱼类有鲤鱼、草鱼、青鱼、圆吻鲴、南方大口鲇、鲇鱼、长吻鮠。值得特别提

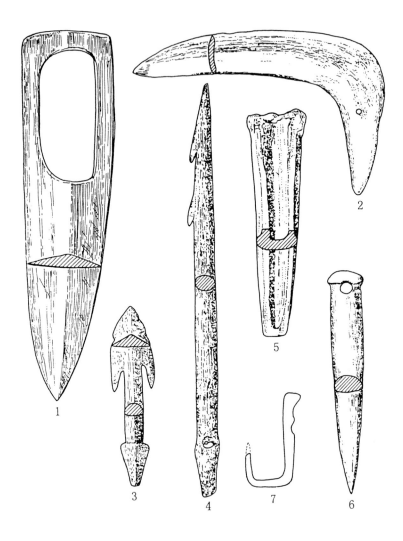

图一四 大汶口文化骨角质工具（引自《大汶口》、《考古学报》）

1. 骨矛　2. 骨镰　3. 骨镞　4. 角鱼镖　5. 骨凿　6. 骨锥　7. 骨鱼钩

出的是，该遗址出土了至少属于二十个个体大小的扬子鳄头骨残骸和皮下骨板[15]，出土了数以百公斤计的大量老幼不等的淡水软体动物壳体。

不管是扬子鳄还是淡水蚌，多数被打破或烧黑，与其他食物垃圾弃置在一起，这表明当时鳄与蚌都是作为食物从距离不远的河流湖泊中捕捞的。王因遗址出土了一些破碎的蚌器，如有孔的蚌铲和切割成一定形状的蚌材，这是环境条件制约文化特点的典型现象。此外，专家认为当时、当地必定有适宜扬子鳄和以丽蚌为代表的"王因淡水软体动物群"生存的环境，即有大中型湖泊及其周围的入、泄水系和较今日湿热的气候条件[16]。

在一些环境比较特殊的地区，渔猎和采集甚至是居民最基本的谋生手段。如胶东半岛沿海和岛屿上存在着许多贝丘遗址，这里发现的捕鱼工具更多，由遗址的堆积中存在大量的贝壳、鱼骨、鱼鳞和兽骨等可知，这一地区很可能还没有产生农业，或者农业在社会经济中所占的比重极低，捕鱼捞贝、狩猎和采集是人们生活的主要来源。

在中晚期阶段，渔猎采集活动的重要性虽有所下降，但仍是不可缺少的生业。狩猎工具中出现了双翼起脊的骨镞和骨牙质鱼钩以及石、骨矛等。渔捞的内容极为广泛，各种鱼类和软体动物均包括其中，如五村遗址经鉴定的淡水蚌有九种，还有海产和半淡半咸水域产的各种鱼类和贝类。胶东地区在这一时期已不再形成贝丘，但遗址中仍有大量的鱼骨、鱼鳞、贝壳、兽骨等，如三里河遗址仅 H118 一个灰坑内出土的鱼骨、鱼鳞和贝壳就有近二十种，主要为海产鱼类，其中既有河口性和沿岸近海鱼类，也有外海性洄游鱼类，如游动迅速的鲻鱼、蓝点马鲛。不少灰坑中有海产贝类壳体、棘皮动物、节肢动物的遗

存。说明当时当地靠海吃海。这里还有一种死者多手握长条蚌
器的习俗，当与靠水吃水的经济类型不无关系[17]。

2. 手工业遗存的发现和研究

农业的发展，带动了手工业的独立与发展，成就突出的部
门有制陶、玉石器制作、骨牙器制作。此外木材加工、酿酒等
也有发展。

制陶是大汶口文化主要的手工业部门之一。从新石器时代
早期发明陶器以来，到大汶口文化时期，已经历了数千年的发
展，陶器制作技术已脱离原始阶段。在其自身一千多年的发展
过程中，陶器制作呈现出明显的阶段性。

早期阶段所生产的陶器以手制为主，同时采用了慢轮修整
技术，从而使陶器的圆整程度提高。钟华南的实验研究认为，
这一时期已开始采用转速较快的"惯性陶轮成型法"来成型陶
坯[18]。陶色以红陶为主，彩陶相对较为发达。在大墩子、刘
林、王因、大汶口、野店、北庄等遗址发现的彩陶，有黑、
赭、红、白多种颜色，纹样种类也较多，如花瓣纹、回旋勾连
纹、圆点、八角星等，色泽鲜亮艳丽，图案布局严谨，线条明
快流畅，其中一些精品，应出自技艺高超的画工之手。值得注
意的是，早期的彩陶器，其造型，如宽沿曲腹盆、敛口钵，其
纹样，如圆点勾叶纹、花瓣纹等在很大程度上受到其西邻中原
地区仰韶文化的影响，当然，其自身的彩陶纹样也颇具特色
（图一五）。大墩子有一老年男性的墓葬，除了放置较多陶器之
外，还特意随葬了五块绘制彩陶的颜料石，经鉴定为天然赭
石，如蘸水研磨则得到赭红色粉末，与彩陶上的颜色相同[19]。
因此推定此人生前应是专事生产陶器的工匠，甚或就是一名技
艺出众的彩陶画师。这一时期的陶窑，形状清楚者仅在大墩子

图一五 大汶口文化早期彩陶器（引自《考古学报》、
《山东王因》、《大汶口续集》）

遗址发现一座。这座窑室已遭受破坏，整体由火门、火塘和长
方形窑室组成，窑室面积较小。在窑室附近还有多处圆形或椭

圆形烧土堆积，发掘者认为可能也是陶窑[20]。那么，大墩子遗址既有专门的陶匠，又发现成组的陶窑，既能烧制日用陶器，也能烧制专供社会上层需要的色彩艳丽、花纹复杂的大件彩陶精品，还能生产一些并非日用的觚形器之类的宗教特需陶器，更有专门为死者而制作的个体极小且粗劣的冥器，说明陶器的生产已不再是农业的副业，而成为独立的经济门类，并已具有相当的生产规模。

中期阶段的制陶技术较之早期有明显进步，主要表现在两个方面。一是在长期使用慢轮的基础上创造出快轮拉坯成型陶坯的技术。在西夏侯下层墓葬中已经出现拉坯成型的小件陶器，如M4:39实足小陶豆底部就发现"有偏心涡形纹理"，系线绳勒割的轮制痕迹[21]。快轮制陶技术的发明是陶器生产历史上的一场革命，它极大地提高了陶器生产效率和陶器质量，为大汶口文化晚期和龙山文化时期陶器更加专业化生产提供了技术准备。二是陶器烧制技术的多样化。在早期阶段已出现了黑陶，但数量很少。到了中期，灰黑陶所占比例迅速上升，红陶和灰黑陶各占半数，同时还出现一种较特殊的青灰陶、灰白陶，陶质细腻，为大汶口文化所仅见。此外，这一阶段器物的种类增加，大型器物较多，彩陶仍然有一定数量，仰韶文化的彩陶纹样已较少见，其自具特色的纹样已形成鲜明的风格（图一六）。

晚期阶段的陶器生产有了更为显著的进步。主要表现在快轮技术较普遍地被应用，同时开发出新原料，新器类也增多了。为满足社会上层的特殊需要，陶业中的分工进一步深化。快轮技术已经制造出像大汶口墓地所见的大件陶盆。只有在相当规模的、成熟的专业化生产经营的基础上，在日益增长的社会需求下，快轮制陶才会应运而生并得到推广，成为更大规模

图一六 大汶口文化中晚期彩陶器（引自《大汶口》）

批量生产的技术条件。

大汶口文化后期的陶器又出现了一些新的器物，如鬶、

盉、甗、高柄杯、瓶等。各种器类中的不同形制以及陶器的附
加装饰和彩绘，特别是仿生艺术陶器的创作，展现了陶业世界
多姿多彩、绚丽辉煌的风光。此外，陶器装饰也更加复杂。如
豆座加高加大，镂空盛行等。白陶和薄胎黑陶的出现是晚期阶
段制陶生产的两项重要成果。一类用'坩子土'烧造的白陶器
仅限于鬶、高柄豆和盉等。其造型秀雅，质地特别细腻，器表
打磨发光，火候很高，叩之有声。经过技术处理，还可以烧制
出黄、橙红、粉红、绛红等多种明快悦目的陶色来。而薄胎黑
陶器则仅限于造型轻巧、装饰精致的细柄杯一类。此外，还生
产出了一些仿动物造型的艺术陶器，如陵阳河就出土了一件陶
牛角号（图一七）。这些自当出于专业工师之手。彩绘陶是晚期
流行的装饰艺术，其制作方法是在烧好的灰、黑陶器上绘制出
红色大圆点和或简或繁的纹样，与那种先绘彩后入窑烧制的彩
陶有明显区别。彩绘陶的出现并非是技术上的进步，而是公元
前 3000 年前后，在黄河、长江流域中下游广大地区陶业上普
遍流行的一种具有时代性的陶器装饰技法。有一点是明确的，
彩绘陶的彩纹易于泯没，不宜于日常使用，大约主要具有礼仪
性功能（图一八）。此外，随葬品中的大量酒器，也是制陶专业
化的产物。这一时期的陶窑见于野店、西夏侯、大汶口等遗
址，其中以大汶口的陶窑保存较好。陶窑为马鞍形横穴窑，整
体由窑室、窑箅、火道和火塘四部分组成，火塘之前还应有工
作面。窑室近圆形，直径 1.83 米，窑箅残损，箅上有圆形火
眼，窑内还遗留一些残陶器。主火道有三条，均通向火塘，进
入窑室后又各向一侧分出二三条支火道。火塘近似圆角长方
形，后端有火门。整体结构与龙山文化的陶窑十分相似。

　　大汶口文化后期陶业的兴旺发达，有一定的社会背景。阶

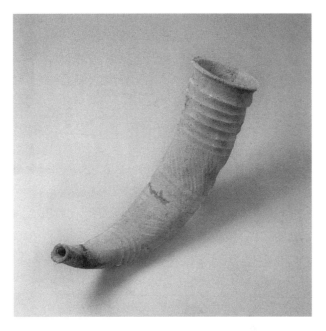

图一七 陶牛角号（引自《山东文物精萃》）

级的分化与对立，导致陶业产品的分流，一般日用陶器流向民间，而高、精、尖陶器则流向社会上层。

玉器制作业是继陶业之后从农业的副业中独立出来的另一生产门类。大汶口文化早期阶段的玉器主要是数量不多的环、珠、坠等小件饰物，它们的制作完全可以由家庭副业或石匠来完成。但到了中晚期，玉器制作显然出自一种专门为社会上层服务的手工业门类。由石钺演化来的玉钺以及种类繁多、做工精巧的玉饰就是玉业独立门户之后的产品。邵望平对海岱系玉器进行了专题研究[22]。她认为大汶口文化玉业的特色与成就之一，是出现了大件玉钺和数量、类别繁多的玉（或似玉）饰

图一八　大汶口文化中晚期彩绘陶器

品。玉铖见于大汶口、野店、湖台等墓地；玉饰有头饰、耳饰、项饰、佩饰、臂腕饰和指环。例如，野店的一座男女合葬墓中女性死者头部有四件玉环，另一座女性墓的死者头部有玉单环、双连环、四连环，还有绿松石串饰。第一次发掘大汶口

的一百三十三座墓中近三十座墓随葬有玉饰，其中一墓有四串
头饰，另一墓随葬了两串分别由二十五、三十一个单件组成的
头饰和一串绿松石项饰。花厅墓地出土了更多的玉器，大墓死
者多戴有由环、璜、珠、管组成的头饰、耳坠、项饰、大胸
佩、腕饰以及其他佩饰。玉质装饰品中还有如湖台墓地出土的
"方形玉璧"、野店墓地出土的"玉花"以及几处墓地都有的
"镞形器"等等，在众多的玉饰中，牙璧是大汶口文化玉业的
创作，成为后世三代玉礼器牙璧的源头。大汶口文化玉业的另
一项特色成就是"葬玉"的出现。所谓"葬玉"，是指由其随
葬部位可知并非生前日常佩带的饰物，而是基于某种信仰专为
死者"使用"的玉件。如三里河墓地有十二座墓的死者口含镞
形小玉件，也有的死者将此类玉件握于手中。大墩子墓地有六
座墓在死者眼眶上盖玉石环，尚庄亦有类似现象。这大概是一
种为死者覆面的面巾附件。葬玉大约与棺椁同步出现，是葬仪
日益复杂化且走向制度化的一步。殷周时期所盛行的葬玉，其
源可能即出自大汶口文化。而最突出的成就则是精巧的绿松石
镶嵌工艺的成熟。绿松石以其亮丽的色彩为史前许多地区的先
民所喜爱，并非大汶口文化所独有。不过，似乎大汶口人特别
钟情于绿松石，几乎所有的墓地都出土有绿松石饰品。大汶口
人还把绿松石镶嵌在象牙、骨角器上，形成一项新的装饰工艺。

　　大汶口文化玉业的发展，在技艺上受到来自北方红山文化
和来自南方良渚文化玉业的影响，但其所以发展成独立的、独
具特色的海岱系玉业，根本动力仍在于海岱区自身社会变革所
产生的对珍贵玉器的需求。雍颖把大汶口文化的玉器分为两
期，归纳了每期的工艺技术、玉质特征和形制、纹饰，并对大
汶口文化、龙山文化与红山文化、良渚文化玉器方面的联系作

了简单分析[23]。

大汶口文化中晚期，骨、角、牙雕业同玉业一样，以其专为社会上层服务的属性，不仅成为独立的特种工艺部门，而且得到充分发展，创造了一批绝代精品。骨、角、象牙器精品的制作工艺区别于普通骨器，如骨锥、骨簪、骨针等简单的生产工艺。它讲究造型，讲究雕饰，使用了透雕和镶嵌等复杂的高难工艺。这些技术并非人人可为，必定出自专业工匠之手。这类特种工艺品，仅大汶口墓地的第一次发掘中就出土了十六件骨雕筒、十件象牙雕筒、七件象牙琮、二件象牙梳以及一些制作精良的骨针、骨指环和獐牙勾形器器柄等。象牙梳和象牙雕筒上展现了精良的透雕工艺；骨雕筒及指环上又显示了创新的镶嵌绿松石的技法（图一九）。同类的骨、牙雕筒和刻画骨匕

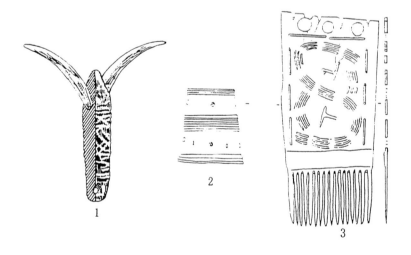

图一九 大汶口文化獐牙勾形器、骨雕筒及象牙梳(引自《山东文物精萃》)

1. 獐牙勾形器 2. 骨雕筒 3. 象牙梳

也见于野店等地。

　　大汶口文化后期的木业也有了明显发展，除了在尉迟寺发现了保存较好的门框、门槛等木构件外，主要表现在彩绘棺椁的初现和鳄皮制品（可能是鼍鼓）的制作上。中期偏晚的诸城呈子墓地已经使用了独木棺，在大汶口、野店墓地上，更出现了经过木工加工的单棺或单椁(图二〇)，少数大墓棺椁并用。

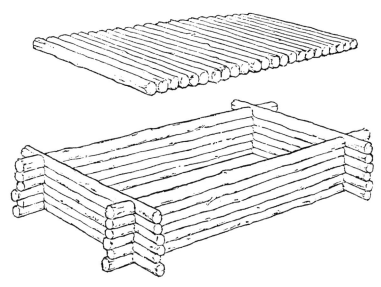

图二〇　大汶口墓地的葬具复原示意图（引自《大汶口》）

在大汶口最大的一座墓中发现了两片"朱土"，可能为施加朱绘的小木作木器。就在同一座墓中，在墓穴的东北角遗留着似分成两组的一些鳄鱼的皮下骨板，可能是用鳄皮蒙制的木胴"鼍鼓"的遗存。鼍鼓是一种至尊身份的标示物。

　　总之，社会经济的迅猛发展与社会经济结构的变革互为表里，相互作用，玉业及象牙雕刻特种工艺的崛起，陶器精品及细木作的登场，都是大汶口文化后期社会大分化、大变革的产物和见证。

3. 聚落、住屋和建筑技术的发现与研究

随着近些年居住遗址发掘数量的增多，对大汶口文化聚落的分布、规模和布局以及房屋的营建技术有了进一步的了解。

目前对大汶口文化早期的住俗、聚落总体布局与住房营造技术所知不多。前已述及，在鲁中南、苏北一带的王因、刘林等遗址中，房基多已残破，面目全非。房基多为半地穴式，有方形和圆形两种。邹县野店发现的前期圆房保存尚好，有浅穴式，也有地面。有的已在柱洞中使用了柱础石。居住面多经过特意烧烤。大汶口遗址第二、三次发掘报告中，除报道了半地穴式房基（图二一）之外，还报道了地面挖槽筑基式方形房基（图二二）。在邳县大墩子发现了两件陶屋模型，屋顶为四角攒尖式，门口外壁刻画出象征性的门窗和看家护院的家犬形象[24]。在鲁中南却没有比较完整的聚落遗址。然而，在渤海湾的大黑山岛北庄却发现了保存相当完好、布局比较清楚的前期聚落。聚落东部为居住区，西部为墓地。已清理出九十四座房基（或说一百余座），皆为方形圆角半地穴式，有斜坡或台阶式门道，室内有灶，灶位于穴壁边缘，呈箕形，由灶面、灶坑和灶圈三部分构成，有的室内有两或三个灶。这种"箕形灶"不见于鲁中南。居住面周围有一圈土台。土台高出居住面40厘米左右，宽约30～40厘米，表面抹泥，用以放置物品；房顶应为四角攒尖式。全部房基大致属于三段时间，其中绝大多数属于第二、三段[25]，每段约有五十座。房子分为两群，坐落在居住区中间一片宽约30～40米的空间地带的南北两侧。大体同时的房子都是以少数大房子为中心（面积在30平方米

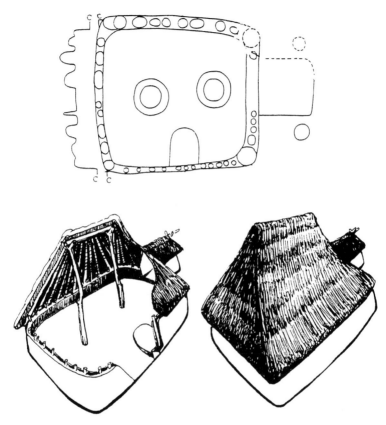

图二一　大汶口遗址半地穴式房屋平面图（上）和
复原图（下）（引自《大汶口续集》）

以上），附近有不少小型住房（一般在 15 平方米左右，甚至更
小），其房门多朝向某一座大房子。这表明，在该聚落中存在
着以大房子为核心的几个群落[26]。这种住俗正反映了当时社
会成员虽仍保持着血缘氏族的组织，并仍聚族而居，但氏族成
员间已出现了按家族来分亲疏的社会现象。而家族是私有财富

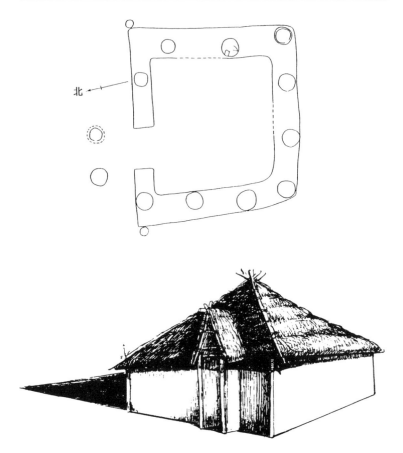

图二二　大汶口遗址地面式房屋平面图（上）和
复原图（下）（引自《大汶口续集》）

的积累单位，是公有制氏族的离心力和分裂力。

　　大汶口文化中晚期人们依旧聚族而居，聚族而葬。在大汶
口文化腹地发现的聚落遗址和房基都不算多，仅在建新、野
店、呈子、南兴埠等地发现了比较完整的房基。在建新虽发现

了二十七座较完整的房基，但难以看出村落布局。这些房基多为单间地面建筑，有圆形、方形、长方形，个别为双间。在建新发现的一座房基横跨 7 米，中间还有一排四个柱洞，将整个房基一分为二。在建新还发现了一口大汶口文化时期的水井。在呈子发现的方形房基有 20 余平方米，四周挖有 0.5 米深的基槽，槽内填黄土，似经砸过。槽内有密集的柱洞，室内也有四个柱洞，有的经过特别处理。1966 年发掘的大墩子墓葬中，出土了三件陶房子模型。一件立面呈长方形，短檐，攒尖顶，前面有门，三面设窗，门口及周围墙上刻有狗的形象；一件立面为三角形，前面开门，左右及后墙有窗；一件平面为圆形，上有一周短檐，攒尖顶，有五道戗脊，未见门窗。广饶五村居址虽然较大，遗存较丰富，但因房址残破，也难以窥其全貌。不过，在地处大汶口文化腹地外围的安徽蒙城尉迟寺却钻探、发掘出一处保存相当完整、布局清楚的大型聚落遗址。

尉迟寺聚落遗址的范围，东西 155 米，南北 160 米，面积 2 万多平方米，聚落的中心部分由一个宽约 25～30 米、深约 4.5 米的椭圆形围沟环绕。在沟内 7000 平方米的发掘范围内已清理出房基四十一间。其特点是均为连间建筑，并排而建，形成排房，共十排。连间建筑的组合又分为多间长排（由三座连间建筑组成，每座连间建筑包括有大小不等的五至六间，小间一般仅 4～6 平方米）、多间短排（共三组，此类小间较多）、两间一排（共五组）三种情况（图二三、二四）。两间一排的房间面积较大，约为 20 平方米。房址均为方形（或长方形）浅穴式，多由主墙、隔墙、门道、居住面、室内柱洞和灶等构成。其建造程序是，先挖浅基，再在四周主墙部位挖基槽，在基槽内立柱后用红烧土拌泥将其填平，其上用大块红烧土加泥

图二三　尉迟寺遗址的连间排房（引自《蒙城尉迟寺》）

图二四　尉迟寺遗址的排房布局（引自《蒙城尉迟寺》）

砌成主墙，两侧抹泥并经烧烤。隔墙则先立密柱，捆扎后用红烧土加草拌泥抹砌并经火烤而成，即所谓"木骨泥墙"。房内有柱，两根或四根，位置偏近于后墙。有的一间一门，有的一间两门，门置木框、木门槛，门宽约 60 厘米。灶在房内里侧，多高出地面 2～5 厘米[27]。尉迟寺地处皖北，其连间排房建筑与山东苏北地区的建筑形式有所不同，显然是受到西南方向的屈家岭文化连间建筑的影响。尉迟寺的聚落布局展示了当时聚族而居的生活场景。氏族的躯壳依然存在。

（二）社会状况的复原研究

1. 聚落和人口数量的估计

大汶口文化遗址的数量，迄今还没有一个精确的数字。已在各种报刊论著中公布的共约五百处，而其实际数量当远不止此数。近几年，山东大学在日照市三县区（东港、莒县、五莲）和诸城、胶南南部进行考古调查统计，约 6000 平方公里的范围内共发现大汶口文化遗址六十处，平均每百平方公里一处。大汶口文化最盛时期的分布区包括山东全省、苏皖两省北部和豫东地区，总面积约 20 余万平方公里。如按每百平方公里一处遗址计算，则得二千余处。如果扣除不适合人类居住的山区、湖沼和低洼地带，估计大汶口文化遗址的数量应不少于一千二百处，这里我们暂按一千二百处进行统计。

大汶口文化前后延续了一千五六百年。按早、中、晚三个发展阶段分别估计，大汶口文化早期约三百处，中期约六百处，晚期约一千二百处。而到龙山文化时期，聚落的数量应已超过二千处，增长模式近似几何级数[28]。原始聚落和人口的复原研究，无疑是一个很有意义而又有待开发的分支领域。实际上，目前已有了一些可供分析、估算的材料。如江苏邳县境内沭河故道不足 4 公里的沿岸，已发现了包括著名的大墩子在内的六处遗址。大汶口文化早期的王因遗址，其面积保守的估计有 6 万平方米，在其墓地上已清理了八百九十九座墓葬和一千二百多死者（这一数字还难以说是墓地所安葬的全部死者）。傅家遗址面积约 30 万平方米，遗址中心约 18 万平方米，已发现了二百零二座墓葬。韩建业曾对大汶口墓地的人口作过分析。他依据人类学家的鉴定结果，求出大汶口居民的平均寿命和死亡率，再按墓地延续的时间和人口总数计算出每年死亡的人数，最后根据日常人口数量与年死亡人数、死亡率的函数关系，得出日常人口数量为五十人左右[29]。但关键的难题是，这一计算中不确定的变数太多，如他对大汶口墓地的延续时间估计只有二百二三十年。这与对大汶口墓地分期、年代的估算相差甚远。王建华也采用同种方法对三里河遗址的大汶口墓地进行过人口分析，认为三里河聚落的日常人口约为二十五人左右[30]。据村民讲，在村内和村西北也曾发现过大量人骨，估计也是两个墓区，若如此，则三里河聚落至少有四个墓地（区）。目前所发掘的只是分属于这两个墓区的部分墓葬，是这一聚落全部墓地的一小部分，据此推算的人口数量显然偏少，实际人口当大大超过二十五人。三里河遗址只有 5 万平方米，是一个中小型聚落。大汶口则是一个大型遗址，现存面积 82 万平方米，估计原面积在百万平方米以上[31]，其墓地（墓区）当不止一处。大汶口聚落的人口肯定要比三里河聚落多出许多。海岱地区发现的大汶口文化遗址，面积一般在 2～10 万平方米之间。

目前已做的关于人口分析的尝试，虽在方法论上有明显的不完善性，结论也欠说服力，但已有学者涉足其间，有了开端。这是一个大有希望的课题。将来考古学者与其他学科的学者合作，必将能找到更加科学的方法论和完善的统计方法来进行原始聚落与人口的分析、估算，以利于复原大汶口文化时期活的历史场景。

2. 社会习俗的遗迹与族属研究

大汶口文化是一支颇具特色的文化，在社会习俗方面表现得尤为突出：

大汶口人有奇特的毁体习俗。从大量墓葬材料可知，这种毁体习俗表现为拔除侧门齿、头部枕骨人工变形和口含小球而致齿弓变形等。这些习俗集中见于鲁中南的王因类型之中，并程度不同地散见于各时期的各地方类型之中。这类习俗的发现与研究主要是由体质人类学家来进行的，这将在第五部分中详加论述。

大汶口文化的社会上层男性有的随葬骨、牙雕筒。在大汶口文化的墓葬中，曾发现一种用大型动物肢骨或象牙材料做成的筒状器物，器壁均雕制花纹，多数还施以钻孔或镶嵌绿松石，俗称骨、牙雕筒（图一九，2）。骨、牙雕筒出现于大汶口文化早期，一直延续到晚期，各地都有所发现，而以汶泗河流域出土比较集中。骨、牙雕筒在墓葬中的位置比较固定，多数在腰部及其周围。骨、牙雕筒的拥有者多为成年男性。因此，许多学者认为它是一种佩挂于腰际的器具。由于骨、牙雕筒的形制比较特殊，又均出自大、中型墓葬，故其用途引起人们的关注。于中航、王树明分别认为它是一种响器，是斧柄之尾饰件或旌旗类器物的柄饰[32]；李永宪、霍巍则反对这一看法，提出"人体装饰品"的见解[33]；吴汝祚把它与较多财富的占有者相联系[34]；栾丰实、杜金鹏则认为是一种宗教法器，与良渚文化的玉琮有着相似的功能[35]。

大汶口人中的一部分人拥有（腰佩）龟甲器。所谓龟甲器，是用龟的腹甲和背甲经截磨、钻孔等工序后扣合而成的器具，截磨通常是将腹甲的一端截去、磨平，而钻孔则多施于背甲，多在一端或两端各钻出四个一组的小孔，四个小孔的位置呈四方形，有的则沿龟甲的边缘钻出一些小孔。龟甲器始见于大汶口文化早期，持续至龙山文化时期，出土数量以汶泗河流域最多。龟甲器基本上出自墓葬，出土时其内多盛骨锥、骨针和小石子。龟甲器在墓中多位于死者的腰部，拥有龟甲器的墓主绝大多数为成年男性，大、中、小型墓均有，其中以中型墓居多。这是一种罕见的文化现象。关于龟甲器的用途，不少学者进行过研究。刘林墓地的发掘者认为是一种甲囊，其边缘小孔可能用以穿缀流苏；叶祥奎推定为装饰品[36]；高广仁认为与医、巫有关，或是死者生前佩带的灵物[37]；逄振镐考证为从事医巫占卜职业的标志[38]；栾丰实则认为是一种响器，是巫医行医的工具[39]。

大汶口人有让死者手握獐牙勾形器或獐牙的习俗。大汶口文化的这一习俗一直持续到龙山文化时期，甚至更晚。青州赵铺一座商代墓葬中的死者手部就留有獐牙。獐牙勾形器是一种复合的器具，它由骨或角质的柄和两枚雄獐犬齿分左右嵌合而成。柄长一般 11～17 厘米，柄之前端两侧各挖一个长方形槽，用来镶嵌獐牙。獐牙勾形器的柄身往往刻有多种纹饰，尾端穿有一孔，以利穿绳携带（图一九，1）。死者手握獐牙勾形器的习俗流行于大汶口文化早中期阶段，主要分布于泗河流域，其他地区则很少发现。獐牙勾形器的拥有者以男性青壮年为主，女性极少，出土时多握于手中，一般一墓一件，多者可达三四件。出土獐牙勾形器的墓葬以中型偏小和小型墓占绝大多数。关于獐牙勾形器的用途，研究者有不同的意见。刘林、大墩子遗址的发掘者认为是一种用来勾割、收获的生产工具；王永波则主张是由獐牙崇拜而衍生出来的护身或厌胜的瑞符[40]；吴汝祚认为是用以表示社会地位的信物[41]；栾丰实推测其为防身武器和多用工具[42]。与死者手握獐牙勾形器有关的现象是有更多的死者手部留有单个的獐牙。这一现象遍及大汶口文化的分布区，尤以汶泗河流域最为流行。这些獐牙的根部多经磨制加工。散见的獐牙很可能是木柄獐牙勾形器在木柄腐朽之后的残存。由于獐牙勾形器或獐牙在大墓、小墓、富墓、贫墓中都有所发现，故可认为它不是社会身份与地位的标志物，而是一种历史悠远的传统习俗，其含义、功能不详，比较有意思的推断是用于辟邪厌胜。

大汶口人还有以犬殉葬或以犬为牲的习俗。犬是最早被人类驯养的动物，是最先出现的家畜。犬的最主要用途并不是为人类提供肉食，而是以它特有的灵性帮助人们看家护院、追猎动物，有的地方还驱狗运输。因此，狗在所有动物中是人类最得力的助手，与人类有着特殊的关系。当然，狗也可以为人类提供肉食和皮毛。以犬殉葬和以犬为牲的现象，在大汶口文化早中期的刘林、大墩子、花厅的墓葬中就有许多例证。大墩子墓葬中，有的还以犬的模型来随葬。三里河遗址则有狗形陶鬶，这种习俗一直延续到龙山文化时期，并被后来的商文化所继承[43]。

大汶口人佩带丰富多彩的饰物。从早期起，就盛行佩带饰物，突出的一种饰物是由成对的猪獠牙制成的束发器（或称牙约发），男女均可佩戴，往往发现于死者的前额。在野店、王因、大墩子等许多墓地上，除了束发器[44]外，头部有的还有骨笄、骨梳、耳坠，有的有项饰、胸饰、佩饰、臂饰、指环等。臂饰中又有骨钏、陶环等，王因墓地的一座墓（M2293）中，死者的双臂竟带有二十四只陶镯，刘林遗址还出土了一件雕刻精致的猪头形牙饰，大墩子墓地的一座墓曾出土成串的穿孔雕花骨珠。到了晚期，随着阶级的对立，服饰上也出现了相应的分化。野店墓地的一座男女合葬墓中女性死者头部有四件玉环，另一座女性墓的死者头部有玉单环、双连环和四连环，还有绿松石串饰。第一次发掘的大汶口一百三十三座墓中近三十座随葬有玉饰，其中一墓有四串头饰，另一墓随葬了两串分别由二十五、三十一个单件组成的头饰和一串绿松石项饰。花厅墓地出土了更多的玉器，如一座大墓的死者戴有由环、璜组成的头饰，有耳坠、项饰和由多个单件组成的大胸佩、腕饰以及其他佩饰。再如著名的大汶口 M10，除集中了大汶口文化的诸如手握獐牙、拥有象牙雕筒、鳄皮制品等最富特征的一些文化现象外，死者的额部、项部及胸前共佩带由七十七个单件组成的三条串饰，头部还有象牙梳、骨簪，有玉臂环和镶嵌绿松石的玉指环。众所周知，服饰是族群共同审美意识的表现，是一个族群认同、共识的显著标志，是族群文化的突出特征。装饰品的多彩以及堪称族群文化标志物（如獐牙、甲囊等）的流行，说明当时的社会经济相当发达，社会生活复杂、活跃。

如上所述，通行这些风俗的人群有文化上的，甚至血缘上的认同。我国先秦文献中保存了丰富的对远古历史、远古族群的追忆，其中保留着历史真实的依据或影子，提供给我们比考古学更生动、具体的远古时代的图景。先辈学者对古史传说用了科学审慎的态度加以梳理、甄别，取其精华，弃其糟粕，已经作了开创性的研究，如蒙文通提出的河洛、海岱、江汉三民族说，傅斯年的夷夏东西说，特别是徐旭生的炎黄、东夷、苗蛮三集团说，经受了当代考古学的检验。在目前考古材料大大丰富的条件下，把古史传说与史前考古相结合，是复原上古历史的可行途径。一些考古学者也进行了有益的探讨，大汶口文化族属研究就是其中一例。刘敦愿最先把海岱地区的考古资料与古史传说结合起来探索史前居民的族属问题。60年代初，他把当时所发现的龙山文化与古史传说中属于东夷族的太昊、少昊部族进行了对应研究，认为"典型龙山文化即风姓东夷族的原始文化"。大汶口文化确立之后，他坚信大汶口文化和龙山文化是同一族属的考古文化遗存，并把东夷族的鸟图腾崇拜向前追溯到大汶口文化时期[45]。后来，他在讨论大汶口墓地时，把这里发现的象牙器具与驯象部族结合起来，认为大汶口墓地应是有虞氏的遗存[46]。

70年代，唐兰在连续发表的几篇论文中，用相当篇幅对大汶口文化的族属问题进行了探讨。他认为，从山东到苏北发现大汶口文化遗址比较多的区域，正是文献上的少昊文化区域，"从文献上来考查，大汶口文化是少昊文化"[47]。

大致同时，严文明从《山海经》等书所记载的"凿齿"探讨了其与大汶口文化拔牙习俗的关系，并联系史籍中记载的夷人的活动区域均在河济淮海即现今山东苏北一带，认为大汶口文化系统的居民，应当是远古的夷人[48]。

大汶口文化居民的族属为古代的东夷族，这基本上已成为学术界的共识。史籍所载东夷是一个庞杂的复合体。邵望平又作了进一步的分解，她把海岱地区划分为三个小区，即鲁中南至淮北、泰沂山北侧至胶莱平原和胶东半岛，并分别与《尚书·禹贡》记载的淮夷、嵎夷和莱夷相联系[49]；杜金鹏则赞成田昌五把大汶口文化"日火山"图像释为"昊"的意见，认为大汶口文化就是昊族的文化；王树明把莒县、诸城一带的大汶口文化定为帝舜太昊部族的遗存；栾丰实进一步提出，豫东皖北和鲁东南苏北地区的大汶口文化属于太昊族系，而鲁中南和鲁北为少昊族系，聊城地区则与蚩尤族系有联系[50]。整理古史传说，并进一步与考古研究成果相结合，是前景广阔的领域，但对它的研究，不仅要有科学、严谨的治学态度，还存在一个方法论的问题。未来之路是漫长的。

3．葬俗的研究

大汶口文化的墓葬已发掘出约三千座，从中可以看到大汶口文化一般的埋葬习俗以及各发展阶段上葬俗、葬制的变化。高广仁、何德亮等曾做过大汶口文化葬俗的专题研究[51]。

大汶口文化的墓葬均挖有长方形或近似于长方形的竖穴土坑。早年发掘的刘林、大墩子、花厅等墓地，绝大多数未发现墓坑，这一点曾被作为一个重要特征加以总结。对花厅等遗址后来的发掘证明，这一地区的大汶口文化墓葬也普遍存在墓坑，只是由于种种原因而未能予以揭示。墓葬方向因地而异，而同一墓地的墓向却基本一致。如刘林的墓向北略偏东，三里河、呈子、东海峪则偏向西北。不过也有同一墓地的墓向差别较大的现象，如五村即属此类。

大汶口文化葬俗的本质特征，从早到晚均是聚族而葬，氏族（或部落）墓地是氏族（或部落）成员的最终归宿。早期墓葬中，多数无随葬品，即使有，数量也普遍很少，最多的有三十至四十件，除了一些属于巫师的专用物品（如甲囊）外，基本上未超出个人在"另一世界生活"所需，尚不能与晚期富墓相提并论。早期墓葬中已出现了专为死者制作的粗劣"明器"。各墓地都以单人仰身直肢葬为最基本的葬式，但都有个别特殊的葬式，如屈肢葬、俯身葬、二次葬等，有些与非正常死亡有关，有些则是出于我们尚不能理解的信仰上的动机。大汶口文化的葬俗不是一成不变的，它随社会的发展而演化，并表现出一定的地域特色。

早期墓地主要有苏北的邳县刘林、大墩子，鲁中的兖州王因、泰安大汶口前期墓地和渤海湾中的大黑山岛北庄墓地等。刘林墓共清理墓葬一百九十七座，大墩子墓地共清理出墓葬三百四十二座，其中一百八十六座属于早期，王因墓地共清理墓葬八百九十九座，死者一千二百多人。三处墓地的共同特点是墓葬十分密集，多有叠压、打破关系。大墩子墓地的墓葬最多可达五层（图二五），其特殊葬式墓葬中，有一座行折头葬，死者为一三十余岁的女性，其骨盆中有一胎儿骨殖，说明可能死于难产。正如当代许多后进民族一样，原始灵魂观念中的善恶观是由死因来决定的。依此类推，特殊葬式主要施于非正常死亡的"凶死"者。而采取特殊葬式的死者一般没有随葬品，即使有，数量也极少。

各墓地上还有一些非单人仰身直肢葬者，为并非"凶死"者的葬式，如合葬和二次葬。各墓地几乎都有两人或多人的合葬，有的是同性别的合葬，有的是成年男女合葬，有的则是成人与幼儿的合葬，王因墓地八百九十九座墓中的三十一座合葬墓，绝大多数为同性别合葬，仅有三座是男女二人合葬，因此很难说具有夫妻合葬的性质。各墓地都或多或少的有二次葬。在苏北、鲁中南一带，二次葬是仅次于仰身直肢葬的葬式。这种葬式是对死者先实行土葬"假埋",待一定时机,肉体腐烂后,再挖开墓穴,捡取头骨、四肢骨和盆骨等大块骨骼,移至另一墓穴,按一定之规,四肢骨排列在下,头骨安置在上,进行最后的、也是正式的埋葬。大汶口早期墓地上,有六座多人合葬墓(二、三、六人不等,其中一墓为六人二次合葬),经鉴别均为同性合葬;二次葬墓和"迁出墓"共八座。王因墓地上发现的单人二次葬、多人二次合葬墓共九十八座,与二次葬相应的"迁出墓"三十八座。所谓"迁出墓"即墓穴中仅剩下脊椎骨、肋骨、指骨、趾骨之类的小块骨骼和第一次安葬时的随葬品。王因墓地、大汶口墓地上除了三十三座单人二次葬墓外,还有六十五座多人二次合葬墓。王因二次合葬墓的死者人数少则二人,最多者竟达二十三、二十四人,他们被分排或分层地安葬在同一墓穴中,并"共享同用"一套随葬品(图二六、二七)。二次合葬的死者,可能是同一氏族(或同一部落)在一定时间内先后死去的成员。同排或同层死者之间的关系应较近,或可属于同一家族(或同一氏族)。可以想见,二十多个死者同时进行刨墓捡骨,然后再同时进行第二次埋葬,必定会举行全氏族的盛大的集体葬仪。这可以从古今中外的类似葬俗中找到参考材料[52]。二次葬不属于对非正常死亡者的葬式,很可能出于某种原始信仰。或认为是源于他们相信血肉属于人世间,只有等肉体腐烂之后,灵魂才能进入另一世界。但单在大汶口文化中,以王因墓地的情况推之,却恐非如此。因为毕竟还有更多的死者,被以仰身直肢的一般葬式安葬。多人二次合葬的行葬动机,可能是远古人按现实生活中"聚族而居"的模式来推测死后灵魂必定也共同生活于氏族组织之中,也应"聚族而葬";由于社会成员的死亡有先有后,故先死者就要先

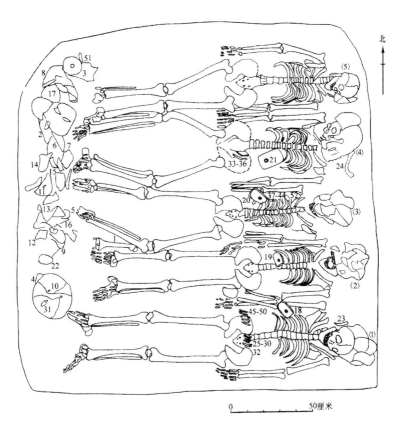

北

图二六　兖州王因墓地五人合葬墓（2514 号
五人合葬墓）（引自《山东王因》）

行"假埋"，待一定时机再进行二次合葬。不过，这种推测仍
不能解释何以大多数人采取的是单人一次葬。归根结底，原始
的行葬动机非常复杂，不是今人能够完全解释得了的。需要提
到，多人合葬、多人二次合葬广泛流行于仰韶文化的前期，如

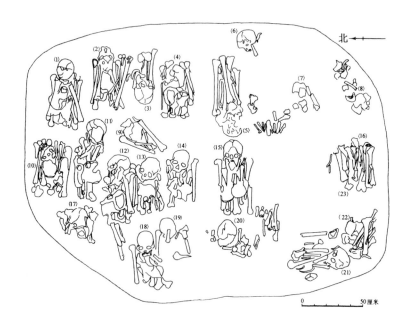

图二七　兖州王因墓地多人二次合葬墓（2240号墓
二十三人二次合葬）（引自《山东王因》）

半坡等遗址发现了多人合葬；华县元君庙、华阴横阵等许多遗
址发现了多人二次合葬，陕西渭南史家墓地最多者有五十余副
遗骨合葬，河南邓县八里岗竟有近百人同穴二次合葬[53]。大
汶口文化的多人合葬，特别是多人二次合葬，不能排除来自仰
韶文化的巨大影响。这种影响经大汶口人的吸收、消化，已经
有明显的不同。

　　渤海湾的大黑山岛上所发现的早期墓葬，均有长方形土
圹，葬式以仰身直肢葬为主，没有或只有很少的随葬品，有的
手持獐牙。这里有一种利用原房基埋葬死者的现象，死者的遗

体紧贴居住面。在十座房基中，"室内原有的日常用品多未搬走，或原封未动……或将部分陶器打碎覆盖尸身。推测这些死者很可能就是所在房屋的主人，因意外事故暴死而被就地掩埋……各房埋人的数量一至五人不等，既有成年男女也有未成年的小孩"。发掘者认为这些死者与其所在的房屋关系密切，或许就是拥有该房的家庭成员。

还要提到的是，大多数墓地上埋葬少年的方法亦如成人。在大汶口墓地上，对有些夭折的婴儿采用了圆坑瓮棺葬，或用两件陶盆扣合而成，或用陶器破片覆盖。此外，在大汶口墓地还发现了数座石棺葬；日照东海峪大汶口文化晚期、龙山文化早期的墓葬中也有"石棺葬"。据此，各地葬俗当有一定的差异。

总之，在大汶口文化早期阶段，死者密集地葬于墓地，有多人合葬、多人二次合葬等葬俗，氏族成员间的血缘纽带尚起着一定的维系人际关系的作用。此外，在刘林、大墩子墓地还发现了排列有序、圆形、厚达半米的红烧土堆，并有以犬致祭的祭坑，可能是祭祖的遗迹。葬俗的复杂化和日趋隆重，说明宗教意识特别是祖先崇拜意识的强化。

大汶口文化葬俗到中期有所变化。在部分遗址的较大较富裕的墓葬中开始使用木质葬具——木棺或木椁，有的墓葬有二层台，很可能就是葬具腐朽后四周的填土。这一时期多人合葬墓显著减少，特别是在原来比较多见的汶泗河流域地区已基本不见；在另外一些地区，如在前埠下、胶东的于家店、北庄和皖北的付庄等遗址，还仍然有所保留，但数量很少。诸城呈子的多人同穴叠葬的葬式较为特殊，同一墓穴中安放多人，有五人、三人或二人，上下叠压合葬，既有同性合葬也有异性合葬，每人都有自己的葬具和随葬品，最下一个死者为一次葬，上面的人骨有明显错动。这种特殊的葬俗，或认为是社会制度转换时期的家族合葬，反映了一种新的社会现象。在中期，成年男女合葬数量增多，一般为男左女右，很可能具有男主女从、妾奴殉葬的性质。墓葬间随葬品的多寡、优劣差别明显。

晚期葬俗的特点是，多人合葬墓基本消失，只在个别地方（如栖霞杨家圈等）还有发现。社会上的贫富悬殊已进一步渗透到葬俗上来。大汶口 M10 随葬品不仅数量多，而且多为精品（图二八、二九）。富者之墓，见于一些高等级的墓地，有的墓穴可达 15 平方米以上（如花厅 M50）；多使用葬具，甚至棺椁并用（如野店 M51 等）。随葬品有的在一百余件以上。成年男女合葬墓较之中期反而减少。此外，花厅墓地还出现了殉人，可能也是受到良渚文化影响的结果。皖北豫东地区的大汶口文化中流行儿童陶棺葬，被认为是受中原文化区葬俗的影响（图三〇）。不过，如前所述，早在大汶口文化早期，大汶口墓地已经出现了婴儿瓮棺葬。总之葬俗及其动机是一个非常复杂的研究课题，尚待更加深入细致地研究。

4．社会性质的研究

社会性质的研究是大汶口文化研究中最受重视、又是歧义较多的一个课题。社会性质的变化主要是通过社会结构和经济结构的变化来完成的。自 70 年代以来，陆续发表的有关论文已超过二十篇，其中相当一部分曾收入《大汶口文化讨论文集》一书，在此恕不一一列举。

关于大汶口文化社会性质的讨论，简而言之，主要有以下几种观点。一是按母系和父系两大阶段的顺序来认识社会性质，多数学者认为大汶口文化早期处于母系氏族社会末期，并开始向父系氏族社会过渡，中期已进入父系氏族社会，晚期则

图二八　大汶口墓地 M10 平面图（引自《大汶口》）

图二九　大汶口墓地 M10 出土部分
随葬品（引自《大汶口》）

图三〇 尉迟寺遗址 M215（引自《蒙城尉迟寺》）

已达到父系氏族社会的晚期阶段，也有人把进入父系氏族社会的时间提前到早期或推后至晚期。二是认为大汶口文化已进入阶级社会，属于初期奴隶制社会。三是按所有制形式来划分社会发展阶段，认为早期处在氏族所有制向家族所有制的转化时期，还属于公有制社会，中期开始进入家族所有制阶段，已跨入私有制社会，阶级业已产生。还有学者通过墓地分区分组的特点及相互关系，进而推定大汶口文化的社会结构已由家族—氏族结构转变为家族—宗族结构，社会的组织形式是由若干小家庭组成一个家族，又由若干个近亲家族组成一个宗族，再由若干宗族构成一个聚落共同体[54]。近年出现的一种有影响的观点提出，大汶口文化晚期已出现国家，进入了文明时代。

早期阶段，聚落之间除了规模有大有小外，看不出经济水平和社会生活方面有明显的差别。同一聚落内部社会成员之间的关系可以从墓葬之间的情况得到反映，其中有三点引人注目，即男女分工明确、贫富分化形成和家族墓地出现。可以认为这一时期在氏族内部家族已经崛起，由氏族所有制向家族所有制转化，私有制逐渐得以发展，开始了瓦解氏族制度的过程。最先崛起的家族是氏族内部的强者酋长、智者巫师和勇者军事首领。他们可能就是比较大的或富墓的墓主。与这一变革相适应，男性成为私有财富的获得者，而女性的家务劳动已显得微不足道，于是男性就在家族内部取得了高于女性的地位。按照经典理论，私有财富的继承权是由母权制向父权制转化的决定因素。大汶口文化早期处于父权制替代母权制的过程之中，家庭形态则向父权制大家庭迈进。在许多早期偏晚阶段的墓地已出现了少量成年男女合葬墓，或许就是这一变化的迹象。

中期阶段，聚落间的分化加快，在比较发达的地区，如在鲁中南地区，中心聚落已经崛起，而大汶口、野店、花厅、焦家等就是其中规模大、经济发展水平高、富有家族多（以墓地上的大墓富墓品位高、数量多为标志）的中心聚落遗址，应处于凌驾周围一般聚落的核心位置上。在这些总体水平较高、较富的墓地上，家族墓地之间发生了进一步分化，如野店第四期墓葬、大汶口早中期墓葬和花厅墓地上，墓葬不仅分组明显，而且组与组之间贫富悬殊。有人认为宗族可能已经产生，战争日益频繁，许多战俘沦为奴隶；甚至有人认为某些经济发达地区，已产生了最早的古国。不过一般而论，从阶级的出现到国家的出现，应有一个较长的渐变过程。阶级的出现不等于国家的出现。所以也有人认为大汶口文化中期社会，即使是在鲁中南地区也仅处于国家诞生的前夜，尚未跨进文明时代的门槛。

晚期阶段，随着经济的发展和人口的增长，聚落遗址的数量猛增，原有的中心聚落继续发展，新的中心聚落不断增加，如陵阳河、尉迟寺等就是新出现的中心聚落。社会的变化主要表现在贫富分化加剧，中期已产生的社会分层现象已到处可见，如大型墓葬和中小型墓葬分区埋葬的现象在野店、大汶口、前寨、陵阳河等遗址均可见到；社会分工更加深化，制陶业中轮制技术得到普及，白陶器、薄胎磨光黑陶器、玉铲（钺）等大件玉器、高难技艺制作的透雕骨器和象牙器，集中见于大墓、富墓，说明各个手工业生产的精品，显然只流向社会上层。有的门类甚至是专以社会上层为服务对象的。经济结构的这一变化是社会整体变革的一大标志。

大汶口文化晚期社会生活日益复杂的另一标志是图像文字的创造和使用，这将在下一节中论及。

总之，从大汶口文化晚期社会发生的全面、巨大而深刻的变革来看，海岱地区各地在大汶口文化晚期已陆续进入初期文明社会，分别以大汶口、陵阳河等为中心出现了一些大型遗址群，其中有的明显具有相当于"都"、"邑"（上文所谓的"中心聚落"）、"聚"（一般聚落）的三级金字塔式社会结构，它们大致就是最初的国家——苏秉琦所说的"古国"。当然，仍有不少学者对此持谨慎的态度，认为大汶口文化晚期仍处于野蛮时代的末期，即将迈进文明时代的门槛。

5. 文化和社会发展的不平衡性

由于文化传统、历史背景、自然环境等内外因素的制约，一个国家、一个社会、一支文化内部的发展总是不平衡的，古今中外概莫能外。大汶口文化在发展过程中，存在着文化和社会发展的不平衡性，各区域类型间的不平衡较为突出。

大汶口文化早期阶段，苏北和鲁中南地区已是较为发达的农业社会，而胶东半岛地区还处在以捕鱼捞贝、狩猎和采集为主的农业并不发达阶段。苏北、鲁中南的社会、文化、经济等各方面，明显高于胶东和鲁东南地区。发展到晚期，由于某种原因，鲁东南地区"突然"兴旺发达起来，遗址密度激增，以大墓、富墓著称的高品位墓地代表着一定范围的中心聚落，甚至是更高一级的地区性政治中心，特别是陶尊上的图像文字集中于此，形成了与鲁中南并驾齐驱的另一新兴的先进地区，很可能与鲁中南一起，率先进入文明时代。而曾经在早期发展较快的苏北地区，到了晚期，反而没有了高品位的大型遗址，因而也就没有称得上是古国遗存的大型遗址群。至于属于中晚期的苏北新沂花厅遗址，以其展现的"两合文化现象"，应视为特例，它不是一种由大汶口文化社会内部的动力而促成的繁荣，需另当别论。

（三）社会意识、价值观念变迁的考察与研究

1. 对男尊女卑社会现象的分析

成年男女合葬墓出现于大汶口文化早期偏晚阶段，这种合葬墓在刘林、王因、野店等遗址虽有发现，但数量很少，而且其中多非成年男女的异性合葬，更难断定是夫妻合葬。王因的八百九十九座墓葬中，有三十一座合葬墓，占总墓数的3.4%，其中有少数成人与儿童的合葬。在二十六座两个成人的合葬墓中，绝大多数为同性合葬，只有三座为男女合葬。刘

林遗址的一百九十七座墓葬中有二座鉴定为一男一女合葬，随葬品也无特别之处。大汶口第二、三次发掘出的四十六座墓中，有四座合葬墓，均为同性合葬。但上述情况还很难令人作出有说服力的推论。中期阶段，成年男女合葬墓明显增多，如野店遗址的九座墓葬中有四座为成年男女合葬。大汶口墓地M13为男女合葬墓，M35为男女与幼儿的合葬墓。男女合葬墓中，经专家鉴定的，都是男左女右（广饶五村的一座墓存疑），被认为是夫妻合葬墓[55]。有学者进一步分析，夫妻同时死亡的可能性很小，更可能的是妾奴殉葬[56]，黎家芳则把这类墓葬分为两类，认为分先后两次入葬的一类为夫妻合葬，两人同时埋葬的一类是杀殉墓，"被杀殉的只能是男子的妻妾或奴隶"[57]。这类墓葬中，有的显示出了更明确的男尊女卑性质。例如尹家城遗址发现的男女合葬墓，男性仰身直肢，随葬品较多，并有葬具痕迹，而女性的位置偏下，面向男性，左臂被压在男性的右侧股骨之下，略呈挣扎状[58]；野店M47，男性居于中部，并占有全部六十八件随葬品中的六十二件，女性则偏于一侧，仅有束发器等六件随葬品。到晚期阶段，成年男女合葬墓又显著减少，如野店遗址三十五座墓葬中两个成年人合葬的墓葬只有二座（其中一座鉴定为一男一女）。海岱地区的成年男女合葬墓主要流行于大汶口文化中期阶段。不过也不排除另一种可能，即夫妻合葬（或妾奴殉葬）未必一定采取同穴的形式，或是并穴，或是附葬。这一推测需待验证。也有学者认为大汶口文化的男女合葬"是对偶婚向一夫一妻制过渡阶段的一种特殊情况的反映"[59]。

2. 价值观、善恶观演变的考察

通过对大汶口文化早期的刘林、大墩子、王因等墓地的研究发现，一方面当时还保留着氏族制度鼎盛期才可能有的那种同性别合葬、集体二次合葬（多至二十三、二十四人）的习俗，氏族成员死后密集地上下叠压安葬在同一墓地中，随葬品很少，反映出墓主都很贫穷；但另一方面出现了少数比较富有的墓葬，随葬品的数量多、质量也好。不过仔细观察，这些富墓的随葬品尚未超出"个人生活所需"的范围之内。因此可以说，大汶口文化早期，社会成员中仍保持着氏族内部的向心精神，维持着无可奈何的"平等"、"博爱"；同时对私有财富的贪欲已经滋生起来，只是还未成为整个社会追逐的目标。或者说，尚未最终渗透到保守的葬俗上来。但到了中期，特别是晚期，社会价值观念、价值取向发生了明显的变化，追求私有财富已成为光荣、体面的事，代表了社会新价值观念的取向。这种新价值观念的载体、物化形式是多种多样的，夸富的手段也不止一种。社会上层（及其家族）不仅在衣、食、住、行的物质生活上奢侈、夸富，以此来突出贫富对立、强化富有者的社会地位，而且，这种新的价值观已渗透到葬俗之中，通过诸如加大墓穴、使用细木加工葬具以及满坑满穴的陶器、数十副猪下颌骨之类的随葬品，来达到夸富的目的。一些贵重的陶器和精美玉器、象牙骨雕器等特种工艺品以其难能、难得而弥足珍贵，用这些精品随葬的目的仍在于夸富。这就说明，以富有为荣的价值观念，追逐私利的社会风气，已在大汶口文化中晚期，即野蛮时代的鼎盛期（或认为已进入文明社会初期）形成。当进入龙山文化时代之后，在价值观念上还将发生新的变革，随着王权权威的确立，文明秩序、礼制的逐步形成，社会价值取向将从追求私有财富转向追求贵族身份、社会地位及其标示物——礼器，财富不再是追求的唯一目标。

　　大汶口文化后期社会价值观念上的变化还反映在灵魂善恶观的变化上。如前所述，在大汶口前期墓地上有许多特殊葬式，如大墩子墓地一个被采取折头葬的死者为一怀有胎儿的孕妇，可能死于难产，属非正常死亡，推测在当时被认为是凶死，是恶魂，故而采用了特种葬式。类似情况也见于后进民族之中。在 20 世纪上半叶中国西南部的一些少数民族中，选举头人要"查三代"，即查看三代之中有无溺死、被野兽咬死、被枪打死者，以定其家族的善恶和对寨子的利弊。大汶口文化前期的情况或许与之相似。然而，在晚期的墓地上，出现了一些与前期相违的现象。如西夏侯一墓，在墓穴未经扰动的情况下，死者头骨被倒置，且在远离遗骸的右上方有连在一起的三节颈椎，看来是死于非命，但是却采取了正常死亡的仰身直肢葬式，并有多达八十四件的丰厚随葬品，死者应是一位富有家族的成员。大汶口墓地中有四座墓（第 24 号、54 号、60 号、127 号墓）空无人骨，却有葬具，有较多、较好的陶器、石质工具（或武器）或猪头、猪身随葬；但另一墓（126 号墓）却只有零星几块牙床、腿骨，有包括象牙雕筒、骨雕筒在内的八十三件精致随葬品。这四座墓属大中型墓葬。有学者认为这些没有墓主的大中型墓葬有可能是为战死于异乡、尸骨无还的氏族（部落）头人或勇士举行的纪念性厚葬[60]。这一阶段，战争很可能已成为"经常的职业"，战死的人不仅不再被视为不利于族人的凶神恶煞，反而被视为全氏族部落的英雄，甚至变成氏族保护神。由此可见，新形成的价值观念，已经渗透到灵魂信仰中，原始的、蒙昧的、基于对死亡恐惧的灵魂善恶观发生着变化，富有者、掠夺战争的英雄，即使是非正常死亡，仍会享有崇高的社会地位。

3．陶尊文字的发现和研究

图像刻文是大汶口文化的重要特征与成就。图像刻文的载体均为形体硕大的陶尊，故又将其称为陶尊文字。它由于在中国文明起源、中国古代汉字起源以及上古族群关系研究中的重要价值，而一直备受学术界的关注。

1960 年，在陵阳河遗址的调查中首次发现大汶口文化的陶尊文字，后来陆续在大朱家村和前寨遗址也采集到同类陶尊文字。1979 年，在陵阳河墓地的发掘中第一次发现了有层位关系和具体单位的陶尊文字。随后几年，又先后在大朱家村、杭头、尉迟寺和尧王城等遗址的墓葬、灰坑和文化层中发现同类陶尊文字，使大汶口文化出土陶尊文字的遗址增加到六处。

陶尊文字比较集中地分布于山东省东南部，即沭河上游的莒县盆地及其周围地区，此区以外只在皖北中部有少量发现。此外，在南京北阴阳营遗址的一个新石器时代晚期灰坑内，也发现一件与上述遗址所出相同的陶尊，上面刻有与陵阳河遗址相同的图像文字。另外在一些传世的良渚式玉器上发现了相类似的刻文。除个别残片或残器发现于文化层和灰坑之外，余者均出自墓葬，而出土陶尊文字的墓葬都是大中型墓，属于各自墓地的佼佼者。

陶尊文字的时代均属于大汶口文化晚期阶段和与之同期的文化，绝对年代在距今 5000 年至 4600 年。更详细的研究表明，凡是有层位关系和具体单位的，都不出于大汶口文化晚期的后一阶段，绝对年代在距今 4800 年至 4600 年之间。值得注意的是，完全相同或基本相同的陶尊文字在不同的遗址内反复出现，这些遗址有的相距甚远。如由"日火山"组合成的图像文字分别见于陵阳河、前寨和尉迟寺遗址，而前寨和尉迟寺两遗址间的直线距离近 400 公里。所有图像均系陶器未入窑之前刻画而成，绝大多数一器一字，仅两例为一器二字。有的陶尊文字上涂朱。

关于陶尊文字的研究，从 1973 年于省吾第一次论及迄今已近三十年，这期间发表的各种论文超过四十篇。讨论的内容主要集中在刻文的考释、含义和功能以及刻文在文明发生、发展进程中的位置等方面。

目前共发现大汶口文化陶尊文字二十四例[61]。一些综合性的论述，均将其作了类别的划分，如李学勤分为八种[62]，严文明分为七种；有的还作了单体、复体的划分[63]，如杜金鹏分为三类[64]，栾丰实分为六类九种[65]，王震中分为九种[66]。综合这些划分，可以分为八类十二种（图三一）。

A、B 两类（图三一，1、3、5、6），不少学者认为是同一字的繁、简两体，在释读上歧义最多，最基本的看法有两种。于省吾释为"旦"，裘锡圭、邵望平等从其说[67]；唐兰释为"炅"及其繁体[68]，李学勤从其说，但将 B 类释为"炅山"；田昌五释为"昊"，"犹如后来的族徽"，杜金鹏等从其说[69]。

C 类（图三一，12），唐兰释为"戉"，亦即"钺"。

D 类（图三一，10），唐兰释为"斤"；邵望平则认为是"锄的象形字"，是一种农具。

E 类（图三一，8），李学勤认为其也见于商代的甲骨、金文，是人名或族名；王树明认为字形与甲骨、金文中的凡字相同，应是一种用于军事的吹奏乐器的摹画[70]。

F 类（图三一，9），王树明释为"南"，认为是社祭图像；李学勤释为"封"。

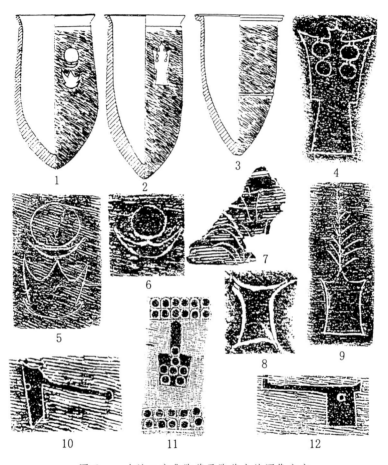

图三一　大汶口文化陶尊及陶尊上的图像文字

G类（图三一，7），李学勤认为是一种饰有羽毛的冠，可能是原始的"皇"字；杜金鹏进一步阐发了这一观点，多数人从李说；王树明则认为是"滤酒图像"。

H类（图三一，4、11），李学勤认为是不加羽饰的冠；杜金鹏认为是冠徽；刘斌认为是台形祭祀场所的摹画[71]；王树明释为"享"，认为是耒耜一类工具的象形。

关于陶尊文字的功能有各种不同的见解。杜金鹏把它们归为三类，即族徽、礼兵和羽冠或冠徽。第一类是一定区域内族的标志，第二、三类是身份、权力和地位的象征。邵望平则把图像文字与大口尊出土的墓葬等级、出土情况作了综合分析，认为大口尊是一种礼器，既表示身份、地位，又用于祭祀和葬仪，而有刻文的大口尊应与祭天、观象和祈丰收等活动有关。1980 年王树明撰文，在一些主要论点上与邵望平文相近。由于该文首次全面报道了当时已知的陶尊图像资料，并逐一进行考释，因而受到学界的重视[72]。

多数学者认为大汶口文化陶尊上的刻文是文字。唐兰指出它们和商周时期的象形文字一脉相承，在不同的遗址重复出现，并且既有象形文字，也有意符文字，还出现了繁简体之分，故认为已脱离了草创期，是比较进步的文字。李学勤、严文明等对陶尊文字进行了总结，认为其与商周的甲骨文和金文的形状结构接近，只见于特定器物的特定部位，与金文在器物上的位置类似；而且既象形又有相当程度的抽象化，与一般的装饰性花纹与图画不同；符号的形状也既有联系又有变化等等。持这种观点的学者还认为，与大汶口文化类似的图像文字，在良渚文化、屈家岭文化中也有发现，它们应是形成后来古汉字的基础。

但也有少数学者持不同意见，认为这些刻文还不是文字。王恒杰利用现代民族学的调查资料，否认大汶口文化的陶器刻文是文字[73]。我们认为它既不像仰韶文化陶器符号那样只是一般陶工用于个人记事的随意刻画，也还未成为能够在相当大的社会群体中起沟通思想、表述语言作用的"文字"，而是介于二者之间；它绝不是一家一户、一村一寨所自定的标记，而是在一定地域，相当于一个甚至数个部落联盟的大族群内达成共识的意符。至于每个陶文本身的具体意义，由于在陵阳河一处遗址就已发现十个不同的刻文，因此也不太可能为"族徽"，而可能与墓主身份有关。

总之，这一批陶文的出现反映了鲁东南区已存在着较大的社会组织。或者说，它们标志着大汶口文化社会在经历了大动荡、大分化之后，已出现大改组，金字塔式的社会结构已经确立。至于何以在数百公里之外的皖北竟发现与鲁东南区相同的大口尊刻文，将在以下有关章节中论及。

注　释

[1] 邵望平《新发现的大汶口文化》，《新中国的考古发现和研究》，文物出版社1984年版。栾丰实《东夷考古·大汶口文化》，山东大学出版社1996年版。
[2] 吴诗池《山东新石器时代农业考古概述》，《农业考古》1983年第2期。
[3] 胶东半岛贝丘遗址研究小组《胶东半岛北岸贝丘遗址环境考古学研究》，《中国文物报》1996年3月10日第3版。
[4] 孔昭宸、杜乃秋《山东兖州王因遗址77SYWT4016探方孢粉分析报告》，《山东王因》附录六，科学出版社2000年版。
[5] 孔昭宸、杜乃秋《建新遗址生物遗存鉴定和孢粉分析》，《枣庄建新》附录五，科学出版社1996年版。
[6] 同[2]。
[7] 山东省文物考古研究所等《山东广饶新石器时代遗址调查》，《考古》1985年第9期。
[8] 吴诗池《综述山东出土的农业生产工具》，《农业考古》1990年第1期。
[9] 中国科学院植物研究所《三里河遗址植物种籽鉴定报告》，《胶县三里河》附录一，文物出版社1988年版。

［10］蔡连珍、仇士华《碳十三测定和古代食谱研究》，《考古》1984 年第 10 期。

［11］王增林、吴加安《尉迟寺遗址硅酸体分析——兼论尉迟寺遗址史前农业经济特点》，《考古》1998 年第 4 期。

［12］严文明《山东史前考古的新收获》，《考古》1990 年第 7 期。

［13］同［2］。

［14］周本雄《山东兖州王因新石器时代遗址出土的动物遗骸》，《山东王因》附录二，科学出版社 2000 年版。

［15］周本雄《山东兖州王因新石器时代遗址中的扬子鳄遗骸》，《考古学报》1982 年第 2 期。

［16］高广仁、胡秉华《山东新石器时代环境考古信息及其与文化的关系》，《中原文物》2000 年第 2 期。

［17］中国社会科学院考古研究所《胶县三里河》，科学出版社 1988 年版。

［18］钟华南《大汶口—龙山文化黑陶高柄杯的模拟试验》，《考古学文化论集（二）》，文物出版社 1989 年版。

［19］上海纺织科学院研究文物整理组《江苏邳县大墩子出土的颜料石分析》，《考古学集刊》第 1 集，中国社会科学出版社 1981 年版。

［20］南京博物院《江苏邳县四户镇大墩子遗址探掘报告》，《考古学报》1964 年第 2 期；《江苏邳县大墩子遗址第二次发掘》，《考古学集刊》第 1 集，中国社会科学出版社 1981 年版。

［21］李文杰、黄素英《黄河流域新石器时代制陶工艺的成就》，《华夏考古》1993 年第 3 期。

［22］邵望平《海岱系古玉概说》，《中国考古学论丛》，科学出版社 1990 年版。

［23］雍颖《试探山东地区出土的新石器时代玉器分期与特征》，《辽海文物学刊》1996 年第 2 期。

［24］南京博物院《江苏邳县四户镇大墩子遗址探掘报告》，《考古学报》1964 年第 2 期；《江苏邳县大墩子遗址第二次发掘》，《考古学集刊》第 1 集，1981 年。

［25］张江凯《论北庄类型》，《考古学研究（三）》，科学出版社 1997 年版。

［26］北京大学考古实习队等《山东长岛北庄遗址发掘简报》，《考古》1987 年第 5 期。严文明《胶东原始文化初论》，《山东史前文化论文集》，齐鲁书社 1986 年版。北京大学赛克勒考古与艺术博物馆《燕园聚珍》，文物出版社 1993 年版。严文明《中国新石器时代聚落形态的考察》，《庆祝苏秉琦考古五十五年论文集》，文物出版社 1989 年版。

［27］ 王吉怀《试论大汶口文化尉迟寺类型》，《考古求知集》，中国社会科学出版社 1997 年版。梁中合《尉迟寺类型初论》，《青果集——吉林大学考古系建系十周年纪念文集》，知识出版社 1998 年版。

［28］ 见于报道的北辛文化遗址不足五十处，而其实际数量绝不止于此。据严文明《胶东原始文化初论》（《山东史前文化论文集》，齐鲁书社 1986 年版）一文的统计，胶东半岛地区相当于北辛文化晚期的邱家庄一期遗址共有三十八处。则整个海岱地区的北辛文化遗址当不少于一百五十处。以此类推，可以大致估计出大汶口文化各个时期聚落遗址的数量。当然，这一估计难免带有一定的盲目性，只是做一动态考古的尝试，意在抛砖引玉。

［29］ 韩建业《大汶口墓地分析》，《中原文物》1994 年第 2 期。

［30］ 王建华《三里河墓地分析》，待刊。

［31］《山东省志·文物志》，山东人民出版社 1996 年版。

［32］ 于中航《新石器时代有孔石斧的柄尾装饰物》，《中国文物报》1988 年第 8 月 26 日第 3 版。王树明《大汶口文化中骨、牙雕筒用途的推测》，《考古与文物》1991 年第 3 期。

［33］ 李永宪、霍巍《大汶口文化的骨牙雕筒不是斧柄尾饰》，《中国文物报》1988 年 10 月 14 日第 3 版。

［34］ 吴汝祚《大汶口文化獐牙勾形器和象牙雕筒含义考释》，《东南文化》1988 年第 1 期。

［35］ 栾丰实《花厅墓地初论》，《东南文化》1992 年第 1 期；《骨、牙雕筒——大汶口文化特殊器物之一》，《故宫文物月刊》第 142 号（1995 年 1 月）。杜金鹏《关于大汶口文化和良渚文化的关系》，《考古》1992 年第 10 期。

［36］ 叶祥奎《我国首次发现的地平龟甲壳》，《大汶口》附录二，文物出版社1974 年版。

［37］ 高广仁、邵望平《中国史前时代的龟灵与犬牲》，《中国考古学研究》，文物出版社 1986 年版。

［38］ 逄振镐《论东夷埋葬龟甲习俗》，《史前研究》1990、1991 合刊。

［39］ 栾丰实《龟甲器——大汶口文化特殊器物之二》，《故宫文物月刊》第 143号（1995 年 2 月）。

［40］ 王永波《獐牙器——原始自然崇拜的产物》，《北方文物》1988 年第 4 期。

［41］ 吴汝祚《大汶口文化獐牙勾形器和象牙雕筒含义考释》，《东南文化》1988年第 1 期。

［42］ 栾丰实《獐牙勾形器——大汶口文化特殊器物之三》，《故宫文物月刊》第

144 号，1995 年 3 月。

[43] 同注［37］。

[44] 在鲁中、鲁南、苏北一带多有发现，在胶东半岛的蓬莱紫荆山也有发现。

[45] 刘敦愿《古史传说与典型龙山文化》，《山东大学学报》1963 年第 2 期；《美术考古与古代文明》第 398～400 页，允晨文化实业股份有限公司 1994 年版。

[46] 刘敦愿《山东宁阳堡头大汶口墓地和有虞氏关系问题的探索》，《大汶口文化讨论文集》，齐鲁书社 1979 年版。

[47] 唐兰《从大汶口文化的陶器文字看我国最早文化的年代》，《光明日报》1977 年 7 月 14 日；《中国有六千多年的文明史——论大汶口文化是少昊文化》，《大公报在港复刊 三十周年纪念文集》，1978 年；《中国奴隶制社会的上限远在五六千年前》，《大汶口文化讨论文集》，齐鲁书社 1979 年版。

[48] 严文明《论青莲岗文化和大汶口文化的关系》，《文物集刊》（1），文物出版社 1980 年版。《大汶口文化居民的拔牙风俗和族属问题》，《大汶口文化讨论文集》，齐鲁书社 1979 年版。

[49] 邵望平《〈禹贡〉九州的考古学研究——兼说中国古代文明的多源性》，《九州学刊》第 5 期，1987 年 9 月。

[50] 栾丰实《太昊和少昊传说的考古学研究》，《中国史研究》2000 年第 2 期。

[51] 高广仁《大汶口文化的葬俗》，《中国原始文化论集——纪念尹达八十诞辰》，文物出版社 1989 年版。何德亮《从墓葬形式看大汶口文化婚姻形态的演变》，《文物研究》第六辑，黄山书社 1990 年版。

[52] 有关多人二次合葬的分析，可参阅邵望平《横阵仰韶文化墓地的性质与葬俗》，《考古》1976 年第 3 期。

[53] 中国科学院考古研究所《西安半坡》，文物出版社 1963 年版。北京大学历史系《元君庙仰韶墓地》，文物出版社 1983 年版。西安半坡博物馆、渭南县文化馆《陕西渭南史家新石器时代遗址》，《考古》1978 年 1 期。北京大学考古学系、南阳地区文物研究所《河南邓州市八里岗遗址 1992 年的发掘与收获》，《考古》1997 年 12 期。

[54] 王震中《中国文明起源的比较研究》，陕西人民出版社 1994 年版。

[55] 相当多的人持这一观点，如魏勤《从大汶口文化墓葬看私有制的起源》，《考古》1975 年第 5 期。钟航《略论大汶口文化的男女合葬墓》，《文物集刊》（1），文物出版社 1980 年版。黄展岳《中国古代的人牲人殉》，文物出版社 1990 年版。

［56］宋兆麟《我国私有制出现的重要例证》，《光明日报》1975 年 5 月 6 日；栾丰实《花厅墓地初论》，《东南文化》1992 年第 1 期。

［57］黎家芳《对大汶口文化男女合葬墓的一些分析》，《文物集刊》（1），文物出版社 1980 年版。

［58］山东大学历史系考古教研室《泗水尹家城》，文物出版社 1990 年版。

［59］鲁波《从大汶口文化看我国私有制的起源》，《文物》1976 年第 7 期；罗琨等《从大汶口文化看氏族制度的演变》，《中国史研究》1979 年第 2 期。

［60］黎家芳《从大汶口文化葬俗的演变看其社会性质》，《大汶口文化讨论文集》，齐鲁书社 1979 年版。

［61］具体出土遗址是陵阳河十三例、大朱家村五例、杭头一例、前寨一例、尧王城二例和尉迟寺二例。如果加上北阴阳营的一例则为二十五例。

［62］李学勤《论新出大汶口文化陶器符号》，《文物》1987 年第 12 期。

［63］苏秉琦主编《中国通史·第二卷》，人民出版社 1994 年版。

［64］杜金鹏《说皇》，《文物》1994 年第 7 期。

［65］栾丰实《东夷考古》，山东大学出版社 1996 年版。

［66］李学勤主编《中国古代文明与国家形成研究》，云南人民出版社 1997 年版。

［67］于省吾《关于古文字研究的若干问题》，《文物》1973 年第 2 期。裘锡圭《汉字形成问题的初步探索》，《中国语文》1978 年第 3 期。邵望平《远古文明的火花——陶尊上的文字》，《文物》1978 年第 9 期。

［68］唐兰《关于江西吴城文化遗址与文字的初步探索》，《文物》1975 年第 7 期；《从大汶口文化的陶器文字看我国最早文化的年代》，《光明日报》1977 年 7 月 14 日。

［69］田昌五《古代社会断代新论》，人民出版社 1982 年版。杜金鹏《关于大汶口文化与良渚文化的几个问题》，《考古》1992 年第 10 期。

［70］王树明《谈陵阳河与大朱村出土的陶尊"文字"》，《山东史前文化论文集》，齐鲁书社 1986 年版。

［71］刘斌《大汶口文化陶尊上的符号及与良渚文化的关系》，《青果集——吉林大学考古系建系十周年纪念文集》，知识出版社 1993 年版。

［72］同注［70］。

［73］王恒杰《从民族学发现的新材料看大汶口文化陶尊的"文字"》，《考古》1991 年第 12 期。

四 大汶口文化与邻境诸文化区
同期文化的交互作用

与海岱地区邻近的区域，西部是中原地区，南部为江淮地区，西北是豫北冀南地区，向北是燕辽文化区，东北则与辽东半岛隔海相望。大汶口文化在一千五六百年的发展过程中，与上述区域同时期诸文化或多或少都有过文化上的接触和交流，对各自文化的发展都产生了良好的作用和影响。对于大汶口文化与中原地区、辽东半岛地区、江淮及江南地区的史前文化之间的文化交流和影响问题学者们进行了较多的研究。

（一）与中原地区史前文化的交往

中原地区与大汶口文化时代相当的考古学文化是仰韶文化中晚期和龙山文化早期（即庙底沟二期文化）[1]。自 1921 年安特生发现仰韶文化以来，已历七十余年。目前学术界对仰韶文化的分布、分期、分区和类型划分，乃至文化的命名等基本问题，还存在着诸多不同意见。从总体上看，仰韶文化的轮廓是清楚的，一般将其划分为关中、豫西、晋南、豫中和豫北冀南等五区。与大汶口文化关系密切、脉络又清楚的是郑州、洛阳为中心的豫中地区，以大河村一至五期为代表[2]，与大汶口文化早、中、晚三个期别大体相对应的是大河村一、二期，三、四期和五期三个阶段。两者在文化交流中表现出明显的阶段性。

1．早期阶段

大汶口文化早期阶段的王因、刘林、大汶口、大墩子遗址中，存在着一定数量来自中原地区的文化因素。少量彩陶钵、盆、碗和器座等与大河村一、二期的同类器形极为接近。如彩陶钵，口部内敛极甚，或有微微凸起的榫状颈，肩部显著外鼓，下腹内收甚急，小平底，与大汶口文化自身所有的钵类完全不同。这种类型的钵，以大河村第二期最为流行，无疑是由中原地区传播过来的。大汶口文化早期偏晚阶段，彩陶的数量和纹样种类均显著增多，绘画技法也有了明显进步。除了自身传统的发展之外，主要仍是受到豫中地区仰韶文化的直接传播和强烈影响。彩陶器的器形、纹样母题中的圆点、勾叶、豆荚、圆圈等，以及由其中几种纹样组合成的花瓣、回旋勾连等图案，无不脱胎于豫中地区广为流行的仰韶文化彩陶盆、钵及其纹样（图一五）。一些仰韶文化的彩陶纹样，甚至通过大汶口文化再传播到辽东半岛的小朱山中层文化和长江下游地区的崧泽文化之中[3]。同时，豫中地区仰韶文化中期遗存中也有来自东方大汶口文化的因素。吴汝祚曾指出，小口釜形鼎在中原地区的出现，与来自东方的传播和影响有关[4]。釜形鼎为小口，矮颈，锐折腹，圜底，下附三个扁足或瓦状足。这一类鼎以郑州及其以南地区分布较多，越往西去，数量越少。地处豫西的庙底沟遗址仅采集到一件，庙底沟以远，则只见到类似的釜。就现有资料而言，河南地区的釜形鼎找不到当地的来源。这种鼎传至中原地区后又注入了一些本地的因素，如肩部多饰弦纹，足多为瓦状或中脊下凹的扁体形。在豫西和关中地区，甚至还创造出与釜配套使用的灶，从而成为一种消化外来文化因素的典型例证。豫西南的淅川下王岗遗址，在"仰韶"第二期中发现的小口釜形鼎[5]的形态更接近大汶口文化的同类器。

豫中地区仰韶文化中期还有一定数量的盆形鼎，形制为大口，折沿，折腹，圜底，宽扁足或侧三角凿形足。这一类鼎主要分布于郑州及其以南地区，与其相似的鼎只见于大汶口文化早期的后一阶段。反观大河村第二期和后庄王中层出土的该类鼎，已附有侧三角凿形足，时代显然要晚于前述小口釜形鼎。这类盆形鼎由东往西传播的时间应晚于釜形鼎，可能是在大汶口文化早中期之交，亦即大河村第三期之初。此外，还有一些为东西两支文化共有的因素，但数量有限，难以作具体推断。

综上所述，大汶口文化早期阶段在与豫中地区仰韶文化的接触、交流中，仰韶文化的传播和影响呈越来越强的趋势，到早期之末，即距今 5800 年至 5500 年之间，占据了明显优势，达到其高峰。这一时期恰恰是以庙底沟类型为代表的仰韶文化最为发达，辐射力最为强劲的辉煌时期。这就是上述文化交流态势所赖以形成的历史背景。

2. 中期阶段

大汶口文化进入中期，社会发生了巨大的转折。来自西部的仰韶文化影响，从高峰状态迅速滑落，以至在大汶口文化中期的资料中，很少见到仰韶文化因素，仅在个别遗址的个别陶器上，看到中原仰韶文化的影子。如大墩子遗址发现的一件腹部画彩的大口深腹平底罐，与大河村的同类器相似。在彩陶方面，大汶口文化中期的彩陶已形成自己的风格和特征（图一六），与同时期大河村类型流行的太阳纹、六角星纹、梳形纹、锯齿纹、X纹、S纹大异其趣。两者共有的各种网状纹，也难说是大河村类型影响大汶口文化所致。反之，豫中地区仰韶文化晚期遗存中，来自东方的大汶口文化因素逐渐增多。早在80年代之初，武津彦就作了整体的综合分析，指出在不同的发展阶段上，仰韶文化与大汶口文化交流、影响、融合的方式和深度都有所不同。在中晚期，大汶口文化对河南的影响大为增长，一些仰韶文化晚期或更晚的遗址里，多能见到与大汶口文化接近的器类与纹饰（图三二）；在郾师古滑城、平顶山市寺岗、商水章华台、郸城段砦等地更发现了随葬大汶口文化陶器的墓葬（图三三）。据此，武津彦认为，"大汶口文化的先民已经来到此地居住和生活了"[6]。此后又有一些学者根据增多的材料进行了更细致的分析[7]。如栾丰实利用豫中地区晚期仰韶文化早、晚两期的资料（早期以大河村第三期为代表，晚期以大河村第四期和后庄王上层部分遗存为代表）来分析大汶口文化自东向西的扩展及影响。

晚期仰韶文化的偏早遗存中，虽有一定数量的大汶口文化因素，但少见与原产地完全相同的现象，多数经过了一定程度的改造。反映在陶器上，主要有鼎、壶、豆和杯等器类。如大河村发现的一件造型别致的双连壶，形制为斜高颈，溜肩，平底，壶身连通，腹有粗双耳。察其形态，与大汶口文化的早期背壶形似。

晚期遗存中来自大汶口的文化因素，不仅数量逐渐增多，在地域分布上也有向西拓展的趋向。典型的大汶口文化因素主要有背壶、宽肩壶、平底尊、圈足尊、豆和杯等。背壶是大汶口文化特有的器类，犹如仰韶文化之尖底瓶。背壶始见于大汶口文化中期前段，消失于晚期之末，变化脉络十分清晰。豫中地区的背壶主要有溜肩和宽肩两类，前者见于大河村、谷水河[8]和林山寨[9]等遗址，后者见于大河村。这两类背壶分别与大汶口文化的同类背壶相同或相似，属于背壶的较早时期形态。宽肩壶为大汶口文化的特征性器类，大河村、谷水河等遗

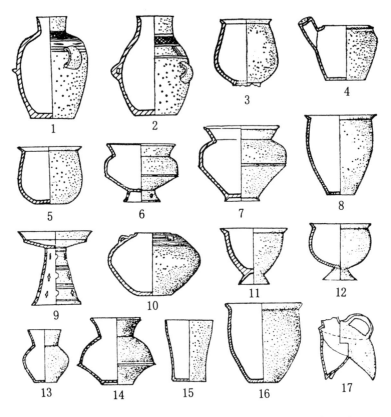

图三二 河南仰韶文化遗址出土大汶口文化陶器（引自《考古》）
1、2.背壶 3、5.敛口尊 4.敛口盉 6、7.高领罐 8.深腹罐 9.
浅盘豆 10.敛口罐 11.盆形豆 12.罐形豆 13.长颈壶 14.宽肩
壶 15.筒形杯 16.深腹罐 17.袋足鬶

址发现的此类壶，形制为高颈略粗，宽肩，肩部或有附加堆
纹，与大汶口文化同时期的宽肩壶基本一致。尊类器物亦为大
汶口文化中晚期典型器类，通常为细泥青灰陶，有平底和圈足
之别。平底尊见于大河村，器体较矮肥，属较早形态；圈足尊

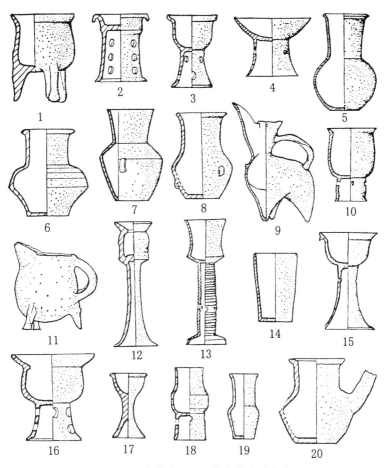

图三三　河南境内大汶口文化墓葬随葬陶器

1.罐形鼎　2.盘形豆　3.罐形豆　4.粗杯豆　5.圆腹壶　7、8.背
壶　9.袋足鬶　10.圈足尊　11.鼎形鬶　12、13、15.高柄杯　14.
筒形杯　16.簋形器　17.细柄杯　18.圈足杯　19.长颈瓶　20.长颈盉

则有高、矮两体，分别见于大河村和谷水河，时代较前述平底
尊略晚，约当大汶口文化中期后段。这些尊类器物从陶质到器

形均与大汶口文化同类器相同或相近。大汶口文化中期陶豆十分发达，种类、数量均较多，是主要器类之一。大河村类型晚期陶豆，较之早期陶豆的数量略有增多，分布面也比较广，形态与大汶口文化同类豆相近。来自大汶口文化的陶杯有篡形圈足杯和大口筒形杯两类，器表或绘带状彩，均见于谷水河遗址。这两类杯均与大汶口文化的同类杯相同。尤为重要的是，在大河村遗址发现了随葬彩陶背壶的墓葬[10]，这种墓葬的墓主一般认为是来自东方的大汶口人。这种现象表明，两地之间的文化交流、传播是和人口的迁徙交织在一起的。

综上所述，在晚期仰韶文化阶段，随着大汶口文化的崛起，中原和海岱地区之间文化交流的趋向发生了逆转。中原仰韶文化对东方的影响迅速回落，而东方对中原地区的文化传播和影响渐居强势。再进一步分析则可以发现，这一时期前段，豫中地区来自东方的文化因素，基本上还是属于文化传播和影响的范畴。到后一阶段，则拉开了大汶口人大举向西迁徙的序幕，像大河村 M9 和周口地区烟草公司仓库的墓葬[11]等，就是西迁的大汶口人先行者的遗存。顺便提到，在大汶口遗址里采集到分布于豫北冀南的仰韶文化晚期大司空类型的典型彩陶片，从中传递出大汶口文化与西北方向同期文化的联系信息。

3. 晚期阶段

进入大汶口文化晚期阶段，即距今 5000 年至 4600 年前后，大汶口人的西迁达到高潮，而文化影响的辐射面则指向更远的区域。对此，武津彦、杜金鹏、王吉怀、苗霞等进行过专门的研究[12]。关于大汶口人向中原地区的迁徙以及大汶口文化向西的文化传播和影响，在空间分布上可以划分为三个地带[13]。

第一地带为东部地区，主要包括安徽省的淮北西部、山东省的西南部和河南省的杞县到周口一线以东地区。在皖北的蒙城尉迟寺遗址中，不仅发现了大量具有大汶口文化特征的器物，还在与大汶口文化相同的大口尊上发现"日火山"等刻画图像文字，这些刻画图像文字与鲁东南地区陵阳河等遗址的发现完全相同。因此，不少学者认为东部地区的大汶口人举族向西迁徙来到这一区域，同化和吸收了当地的土著文化，最突出的当地因素是连间排房和儿童瓮棺葬，从而形成了与山东、苏北地区同时期文化面貌基本相同又有较大差别的地方类型，即尉迟寺类型，它大大地拓展了海岱文化区的范围。而有关"太昊"传说在这一区域的流传，或与大汶口人的到来有着密切联系。不过也有学者认为尉迟寺类型是受到大汶口文化强烈影响的土著文化。

第二地带位居第一地带之西，主要包括河南省中部和东南部一带，呈弧形分布，西可达洛阳盆地。这一区域的庙底沟二期文化一类遗存中，不仅包含着大量的大汶口文化因素，而且还在一些地点发现过大汶口人的墓葬。如 1962 年在偃师滑城发现的 M1，墓室为东西方向，随葬有觚形杯、背壶和高足杯等典型大汶口文化遗物，后来被许多学者定为大汶口文化类型的墓葬[14]；1975 年在平顶山寺岗发现的一座墓葬，随葬有鬶、豆、觚形杯、高柄杯、长颈壶和圈足尊等器物，当即被发现者确认为大汶口文化墓葬[15]。这些自东方迁徙而来的大汶口人，把东方地区的文化和生产技术传播到中原地区，对当地社会经济和文化的发展做出了卓越的贡献。他们将自身的传统文化逐渐与当地文化融为一体，极大地丰富了中原地区龙山时代早期文化的内涵。其中许多文化成分，又被当地先后继起的以王湾三期为代表的龙山文化和二里头文化所继承，成为夏文化的渊源之一。但是，在这一地区，东来的大汶口人并未能改变当地原有文化的文化性质。因此，这一地带与安徽淮北豫东的遗存在文化性质上有着质的差别，不应将其视为大汶口文化的地方类型。

第三地带位于第二地带之外侧，主要包括晋南、陕东、豫西南和鄂北地区。这一区域的同时期诸文化遗存中，或多或少地发现了大汶口文化的因素。晋南地区的陶寺文化中，就有不少来自大汶口文化的因素。如陶寺早期大口罐及其上的彩绘装饰手法与大汶口的同类装饰如出一辙；大汶口文化典型的大口尊在陶寺偶有发现；陶寺发现的高柄木豆与花厅的镂孔高柄浅盘豆相近等[16]。但是，这些传播的文化因素无论是文化内容还是数量，均无法与第二地带相比，应属于一般意义上的文化交流和影响。

总之，在庙底沟二期文化时期，东方地区大汶口文化对中原地区施加的影响达到了空前的高度，呈压倒优势。这种巨大的影响力是伴随着族群的迁移而进行的。以上三个地带所呈现的三种情况，就是人口迁徙和文化影响的具体体现。相反，在山东苏北地区这一时期的遗存中，则很少看到来自中原地区的文化影响。

（二）与辽东半岛南部史前文化的交往

胶东半岛和辽东半岛是我国东部最大的两个半岛，呈南北对峙和环抱渤海之势。自古以来，两个半岛之间的文化交流和人员往来，主要是通过联系两个半岛的链条——庙岛群岛实现的。自胶东半岛最北端的蓬莱至辽东半岛最南端的老铁山，直线距离只有 100 公里左右，其间南北纵向散布着庙岛群岛的二十个岛屿。最南端的长山岛距蓬莱大陆不足 10 公里，最北端的北隍城岛距辽东老铁山不足 40 公里，而庙岛群岛各岛屿之间的距离远的不足 35 公里，近的只有 1 至 2 公里，相邻各岛皆在人们的视线之内。因此，这里自古以来就是联系两个半岛便利的通道，庙岛群岛各岛屿史前和历史时期各阶段遗物的发现，为此提供了极好的证明。这种交往与联系，至少在大汶口文化早期阶段就已经开始了，其后历数千年连绵不断。直到近世，还出现山东人口向东北迁徙的潮流，并且把辽东半岛南部视为向我国东北、朝鲜半岛、日本群岛迁移的落脚点和中继站。苏秉琦曾指出："考虑到这两个半岛作为我国腹地与我国东北部以及东北亚之间的重要通道，在我国的特殊地理位置与特殊作用，不能说它是次要的问题。"[17]因此，不少学者曾对两个半岛之间的文化交流作过有益的探索[18]。

胶东半岛的原始文化可以分为四个阶段，即相当于北辛文化时期的白石村一期和邱家庄一期——属于大汶口文化的北庄一、二期和杨家圈一期——龙山文化时期——岳石文化时期。以上四个阶段前后延续了三千年左右，有完整的发展序列，其间没有大的缺环。

辽东半岛南端的原始文化也可以划分为四个阶段，即小朱山下层文化——郭家村下层文化——龙山文化（包括郭家村上层和于家村下层两个时期）——岳石文化。两半岛原始文化的四个阶段大体对应，从而为两地史前文化关系的比较研究奠定了基础。

　　第一阶段即白石村和小朱山下层时期。佟伟华认为，"两个半岛新石器文化的接触或影响尚未开始"；栾丰实认为两地之间"似乎已经有了文化上的接触"；张江凯则通过对北庄遗址出土的筒形罐的分析，认为"此时大连地区给予胶东半岛的文化影响曾呈一边倒的态势"。

　　第二阶段即大汶口文化和郭家村下层时期，又可以划分为三期。这一阶段的早期，辽东半岛南部地区的文化中出现了来自胶东地区的大汶口文化因素。如有铤石镞、盆形鼎、觚形杯、角状把手器物、圆柱状把手器物等；陶器装饰中的附加堆纹和彩陶，彩陶多数为红地黑彩，个别为白地红彩；纹样主要有弧线三角双勾涡纹、三角加平行斜线纹等。制陶技术中出现了附件的特殊安装方法，如在鼎足、把手的接合部位先做榫头，然后采用插入法安装。这些具有大汶口文化典型特征的因素均非当地所固有。同时，郭家村下层文化中，半岛大陆偏南和偏北遗址中所含大汶口文化因素的数量有所不同。以偏南的旅顺郭家村和偏北的广鹿岛小朱山两遗址[19]为例，郭家村第5层发现的镞，除了以平底和凹底者为主之外，还出现大汶口文化式样的有铤镞；而在偏北的长山列岛小朱山中层则未见有铤镞。小朱山中层的陶器中，筒形罐占绝对优势；而郭家村第5层出土的陶器，据发掘报告发表的统计数字，筒形罐不到七件，相反，大汶口文化的盆形鼎就发现二件，还出有钵、角状把手等。这一时期，辽东半岛郭家村下层文化的文化因素也出现在胶东地区。辽东半岛数量最多、极富特征且自成一系的刻划纹筒形罐，在庙岛群岛的大钦东村、北庄和北城等遗址都有发现。但是，辽东半岛的文化影响还只局限于胶东半岛北部沿海的岛屿，在胶东半岛的腹地却没有发现郭家村下层文化的因素。第二阶段的中期，一些大汶口文化因素，如盆形鼎、角状把手器物以及早期存在的三角双勾涡纹、三角加平行斜线纹彩陶纹样，在辽东半岛逐渐消失；又新出现了鬶、盉、豆、钵、壶等器形。尤其是钵，发现的数量甚多。彩陶多为红地红彩，流行直线、斜线和弧线三角纹。这些变化，均与胶东半岛地区大汶口文化的发展同步。辽东半岛大陆的大汶口文化因素显然要比长山列岛浓厚得多，如在半岛南端的郭家村，这一时期的大汶口文化因素已占有相当比例。同时在属于大汶口文化中期的大黑山岛北庄二期遗存中，也发现有来自辽东半岛的影响，如筒形罐和饰附加堆纹的薄胎杯等。第二阶段的晚期，辽东半岛南部地区的大汶口文化因素进一步增多。如有铤镞、鼎、盉、尊、豆等。有铤镞的数量与此前相比有所增加。另外，我们在辽东半岛这一时期的陶器中看到两个明显变化：一是具有大汶口文化特征的陶器数量增多；二是在本地典型陶器筒形罐上，开始出现具有胶东风格的近似柱状的耳，且均对称设置。这种近似柱状的耳，始见于胶东半岛的白石村类型，一直延续到很晚，被视为典型的胶东特征。在辽东半岛土著典型器物上出现这种部件，昭示两种文化开始了真正的融合。

在辽东半岛和山东地区还有一种共同的因素——形制特殊的玉质牙璧。所谓牙璧，是指一种在圆形璧（极个别为方形璧）的基础上，外伸同向的三个齿牙。过去有人称之为"璇玑"，夏鼐正其名为"牙璧"，并认为商周时期的牙璧源于大汶口文化[20]。牙璧多为玉质，也有其他质料（如陶、蚌）者。目前，牙璧只见于辽南地区和山东省的东半部。这种造型奇特的牙璧，为探讨辽南和山东地区之间的联系，增添了一份新的材料。如果将辽东半岛和山东两地区出土的牙璧形制进行比较，则可以发现，辽东半岛的牙璧与山东地区龙山文化的牙璧形制接近。牙璧在山东地区出现很早，看来是随着大汶口人的迁徙，从山东传播到辽东南部的。由于辽东半岛地区是岫岩玉的故乡，玉材资源丰富，包括牙璧在内的一些玉器，很可能是在这里制作好了再返运回山东地区的。至于这种交流是通过贸易渠道，还是作为贡品，抑或是战争掠夺来的，则需要进一步探讨。

胶东和辽东两半岛之间的文化联系很可能开始于北辛文化时期，到大汶口文化时期变得逐渐频繁起来，可能还伴随着人口的迁徙。有学者认为，辽东半岛南端已进入了大汶口文化的分布范围；或认为直至大汶口文化结束之际，辽东半岛的文化性质并未改变，仍属于一种独立的小文化共同体。而比较共同的认识则是，胶东对辽东的影响居于主流地位，而辽东对胶东的影响居于次要地位。附带提到，在辽西的"后红山文化"，如"小河沿类型"中，也能看到大汶口文化的因素和影响[21]。

（三）与江淮东部及其以南地区
史前文化的交往

江淮东部系指淮河下游以南和长江下游以北的区域。这一地区处在海岱和太湖两大文化区之间，在新石器时代略早时期曾较长时期保持着独具特色的文化，构成一个小的史前文化区系。大汶口文化与江淮东部及其以南地区史前文化联系的研究，可以追溯到 20 世纪 50 至 70 年代关于青莲岗文化的讨论。80 年代以来，两区文化分立，就有学者讨论两地之间的文化交流。如，1982 年，伍人在研究山东地区史前文化时曾辟专节讨论"山东地区与太湖地区史前文化的关系"[22]（图三四、三五）。1989年以来，牟永抗、吴汝祚、任式楠、杜金鹏、栾丰实等，先后对大汶口文化与良渚文化的关系进行过探讨[23]。

1. 早期阶段两个地区间的交往

江淮东部地区与大汶口文化早期阶段时代相当的遗存，可以高邮龙虬庄第二期[24]和海安青墩中下层遗存[25]为代表，或可称"龙虬文化"。在青墩遗址中下层遗存中有较多的大汶口

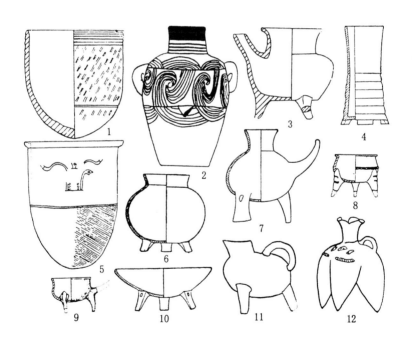

图三四　大汶口文化与江淮、江南史前文化交往的
物证（南方的大汶口文化因素）

1. 吴县张陵山　2. 上海福泉山　3、5. 南京北阴阳营　4、6、7、10.
海安查墩　8、9. 昆山赵陵山　11. 上海广富林　12. 嘉兴雀幕桥

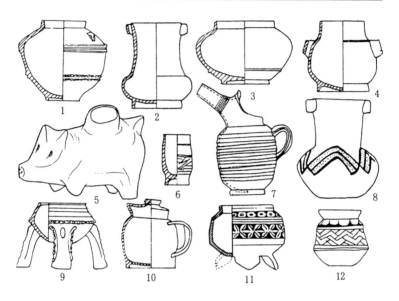

图三五　大汶口文化与江淮、江南史前文化交往的
物证（海岱区的南方文化因素）

1、3、12.邳县大墩子　2.诸城呈子　4、6、10.新沂花厅　5.兖州王因
7.胶县三里河　8、11.泰安大汶口　9.邳县刘林

文化因素。如杯体粗浅的高柄杯（或称高足杯），或加尖顶捉
手盖，都是大汶口文化的典型器形，在青墩遗址中下层有较多
发现。海安青墩 M43 随葬的六件陶器中就有五件是此类高柄
杯，栾丰实认为该墓墓主系来自北方的大汶口人。青墩遗址还
出土部分典型的大汶口文化器物，如钵形鼎、角状把手鬶、平
底或三矮足觚形杯等。在装饰方面，青墩遗址发现的在白底上
用黑褐彩绘出花瓣纹的彩陶图案，以及刻划八角星纹等，都与
大汶口文化的同类纹样相同。这些都应是在大汶口文化的影响
下产生的。

　　长江以南的太湖地区是崧泽文化的分布区，在此区中的一些崧泽文化遗址中，也可以见到少量大汶口文化的因素。如崧泽遗址出土的觚形杯、高柄杯和花瓣纹彩陶图案[26]，武进潘家塘遗址出土的红陶鬶[27]，邱城遗址出土的鬶、高柄杯[28]，草鞋山遗址出土的弧线三角和圆点纹彩陶图案、折腹鼎等[29]，显然都是在与大汶口文化进行文化交流时受其影响的结果。当然我们也注意到，江南地区崧泽文化中的大汶口文化因素，很少有与大汶口文化完全相同的器形，有些虽保持着大汶口文化的器形特点但已经过了改造。

　　苏北鲁南地区的大汶口文化中也存在一些来自南方的文化因素。如刘林遗址出土的一种罐形鼎，鼎足整体宽扁，两侧沿上卷并刻压成花边状，上部有捺窝，这种足的鼎在大汶口文化中极为罕见[30]，而江淮东部的青墩遗址出土数量较多。再如大墩子遗址发现的折肩折腹壶、四系罐、圈足罐、筒形圈足杯和玉璜等器形[31]，也是江淮地区或崧泽文化的典型器物。豆是大汶口文化中晚期的主要器类之一，但早期较少，如刘林遗址第二次发掘共出土各种陶器五百二十二件，其中只有八件陶豆，而崧泽文化豆的数量和种类均多，并且两者豆的形态基本相同。以上这些存在于大汶口文化中的因素，大约都是受到江淮和江南地区史前文化的影响而形成的。

　　在大汶口文化早期阶段，大汶口文化对南方地区的影响略占上风，表现为江淮和江南史前文化中的大汶口文化因素较多，影响的区域也不限于江淮和长江两岸，甚至到达太湖周围地区。而南方地区史前文化对大汶口文化的影响相对较弱，所波及的区域也仅局限于苏北和鲁南部分地区。

2．中晚期阶段与良渚文化的关系

到大汶口文化中晚期阶段，良渚文化中仍然有来自大汶口文化的因素。如上海市青浦县福泉山遗址的一座良渚文化墓葬（T23M2）中，曾出土一件完整的彩陶背壶，在红色陶衣上绘红彩涡纹图案[32]。这件背壶从形制到彩纹构图，均与大墩子M107：1 背壶十分相似。背壶是大汶口文化的特征性器物，在大汶口文化分布区域之外极少发现，福泉山良渚文化墓葬的背壶应是由北方输入的。良渚文化中还发现一定数量的陶鬶，除了南京北阴阳营 H2 发现的一件与大汶口文化者完全相同之外，其余形制与大汶口文化的陶鬶既有相通之处，又有一定差别。我们认为，这种现象是由于良渚人对大汶口文化的陶鬶引进之后又加以消化和改造的结果，而其基本形制和从实足到空足的演化进程又与大汶口文化一致。此外，如马桥遗址出土的瓠、澄湖前后湾发现的盉、南京北阴阳营墓葬出土的三足和平底盉，特别是该遗址 H2 出土的四件器物中有三件是典型的大汶口文化遗物、其中一件大口尊上还刻画有与陵阳河等大汶口文化遗址出土者相同的图像文字，以及青墩遗址的双连玉环等，都是具有大汶口文化风格的遗物，甚至有的就直接来自大汶口文化。

但总体观之，不迟于公元前 3000 年，良渚文化迅速崛起北上，逐渐占据了现今江苏境内的江淮地区，并与大汶口文化发生了直接的接触，两者的关系发生了很大变化。良渚文化对北方地区的文化传播、渗透和影响是大规模和全方位的。栾丰实曾对良渚文化的北渐、文化传播和影响作过全面分析[33]。他将良渚文化的北方分为四区，自南而北依次为江淮北部、苏北、鲁南和鲁北地区。

江淮北部的射阳河流域等，经调查有多处发现良渚文化晚期遗物的遗址。1995 年南京博物院考古研究所发掘了位于废黄河以南的阜宁陆庄遗址，在水相和陆相交替堆积之上和地表以下 4.5 米处发现了确凿的良渚文化晚期堆积[34]，这当是良渚人较大规模地由南方向北方迁徙时遗留的遗存，从而使良渚文化的分布区向北推进到淮河一线。苏北地区是指淮河北岸至苏鲁交界的区域，处于泗、沂、沭诸河等淮河支流的下游地带，属大汶口文化分布区的南部。这一区域的多处大汶口文化遗址中包含有良渚文化的因素，如在经过发掘的沭阳万北、新沂花厅和邳县大墩子等遗址中，均发现浓厚的良渚文化因素，尤以花厅遗址为甚。这些发现表明，苏北地区的大汶口文化受到了来自良渚文化广泛而深刻的影响，其中部分地点不排除有人口迁徙的可能。但与江淮北部不同，这一地区的大汶口文化属性并未改变。鲁南地区是指泰、沂山南侧的区域，地处汶河流域和泗、沂、沭诸河的中上游。这里是大汶口文化的腹心地带，遗址分布十分密集。在一些经过调查和发掘的遗址中，发现一定数量的良渚文化或具有良渚文化风格的器物，从而表明良渚文化的影响已经全面渗透到大汶口文化的腹心地区。鲁北地区包括泰、沂山北侧和胶东半岛两大部分，此区从位置上距良渚文化分布区较远。在此区的部分大汶口文化遗址中，如茌平尚庄、章丘西河、桓台李寨、胶县三里河、诸城呈子、栖霞杨家圈等，仍然存在少量良渚文化因素。尽管这一区域所受的良渚文化影响比鲁南苏北要少得多，但它清楚地表明良渚文化的影响已几乎覆盖了大汶口文化的全部分布区。

3. 花厅墓地"文化两合现象"的研讨

在大汶口文化与良渚文化关系的研究中，花厅墓地所表现的"文化两合现象"具有十分重要的意义。花厅遗址位于新沂市西南 18 公里处的马陵山南段,海拔 69 米。该遗址于 1951年发现,后历经 1952、1953、1987、1989 年四次发掘[35]。花厅遗址分为村西北的墓地和村东北的居址两部分。历次发掘主要集中在村西北的墓地进行。花厅墓地位于南北狭长而平坦的山脊上,总面积超过 50 万平方米。为了发掘的方便分为南北两区,发掘的主要收获是清理了八十五座大汶口文化中晚期阶段的墓葬。特别是北区的发掘,以其多项重要收获而备受关注。①揭露出十座大型墓葬。②十座大墓中有八座使用了殉人,最多的达五人。③在一座墓外发现人祭现象,并且在墓地中清理出一座长方形"石台",或认为是"祭台"。④随葬品较多,特别是出土玉器数量甚多。⑤随葬品中有相当数量的"良渚式"陶器和玉器,并且与大汶口式遗物共存伴出(图三六)。

　　学界对花厅墓地的性质和大汶口文化与良渚文化的关系进行了讨论。归结起来,主要有两种完全不同的意见。一种意见认为,花厅墓地在大汶口文化传统的分布区内,主要的文化内涵与大汶口文化相同,属于海岱系文化系统,是大汶口人的墓地。至于大汶口、良渚两种文化因素共存的原因,栾丰实、王根富认为是在花厅大汶口文化的发展过程中受到来自南方良渚文化的强烈影响,也不否认可能有少量的良渚文化居民迁徙过来,从历史背景上说与良渚文化的北上有关[36]。车广锦则推测,在观念形态的发展上处于同一层次的相邻两支文化,双方可以互相接受对方的代表性礼器,或是良渚文化的某一古国和大汶口文化的花厅古国之间有联姻(包括结盟)关系[37]。燕生东认为是来自良渚文化的居民征服了当地的大汶口文化居民,并强迫本地的大汶口人接受其文化,而外来的征服者并未

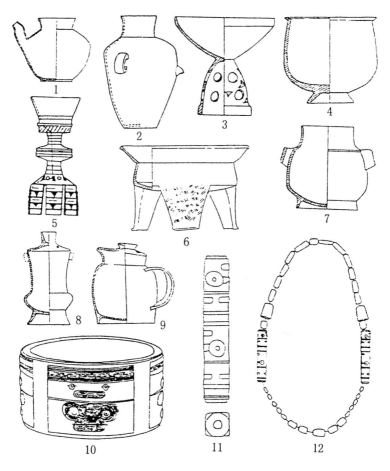

图三六 苏北花厅墓地随葬的大汶口文化、良渚文化遗物

1~5.大汶口文化陶器 6~9.良渚文化陶器 10~12.良渚文化玉器

破坏花厅原有的社会组织，并承认了本地首领的社会地位[38]。

高广仁认为，花厅地处海岱文化分布区的腹地，北区与南区的典型大汶口文化墓葬在墓穴、葬式、死者头向等方面相同，北区墓地也是大汶口人的墓地；花厅北区大中型墓葬所显示的以大汶口文化因素为主，良渚文化因素也占有相当分量的"文化两合现象"，与史前时代由一般性的交往而产生的在甲文化中含有乙文化的个别物件的常见现象有明显的区别，良渚系文物是外来因素。对二十五件陶片样品进行测试的结果表明：良渚系陶器可能是良渚文化分布区域的制品，大汶口文化陶器是花厅村所属地区的制品[39]。这一实测结果有助于上述观点的成立。花厅北区大墓的墓主属于被征服的大汶口人的上层，他们以接受良渚文明的"礼制"为荣，把良渚文化人殉、玉礼器、陶礼器都带到墓葬中去，由此开了族群间既有战胜与屈从关系，而失败族群的上层又能与战胜者携手"合作"的先河。徐旭生有一个精辟的分析："不唯古人不绝他族的祭祀，并且当两个部落还没有同化的时候，不同战败部落的贤能携手，是没有继续相处的办法的。"[40]与战败的土著首领携手合作的做法，也符合征服者的利益。这种现象，在后世的考古材料中可以找出大量的例证。高广仁还进一步推论，在良渚文化强劲北上的压力下，并不是所有的大汶口人都像花厅人一样，作了被征服的顺民，苏北鲁南的另一些大汶口人便逆淮河西迁或转向鲁东南图存发展去了。或许这就是公元前3000年前后鲁东南、皖北突然人丁兴旺文化发达、而在鲁南苏北却很少发现大汶口文化晚期高品位遗址的原因。这一推论也有助于解读皖北尉迟寺所发现的大汶口文化陶尊刻文何以与鲁东南出土者如此相似[41]。

第二种意见认为，花厅墓地南区的墓葬时代略早，属于大汶口文化；而北区的墓葬时代略晚，属于良渚文化。或者说小墓属大汶口文化，大墓属良渚文化。徐基认为，北区大墓是良渚古国派遣到大汶口文化南部地区邦国的友好使者的遗留[42]。严文明认为，良渚文化大墓在大汶口文化分布的边区内出现，应是良渚贵族入侵和强行占据的结果[43]，花厅北区是良渚文化"异乡战死的英雄"的墓地，为了缅怀他们，特地随葬了最具本民族特色的玉器和陶器，甚至把俘获的大汶口妇女儿童一起殉葬，其中的大汶口器物则是战利品[44]。张明华认为花厅遗址曾是大汶口文化的领地，稍后，发达的良渚文化北上，取代了土著的大汶口文化，使花厅成为良渚文化统辖的范围，而不赞成将花厅墓地与良渚文化远征军联系起来[45]。徐坚则认为良渚文化人北上征服大汶口文化居民之后，以少治多，改变其精神生活而在物质生活上顺其旧俗[46]。

　　总之，花厅墓地上的"文化两合现象"，是在以前的历史阶段从未有过的现象，是只在公元前 3000 年前后才开始出现的重大历史现象。这一现象的出现，说明社会发展到了一个跨越文化区系的大动荡、大征战、大改革的历史时期。

（四）大汶口文化因素的传播和
对中国早期文明的贡献

　　在史前时代，大致同时的几支考古学文化中往往含有某些相同或相似的文化因素，究其原因，一种可能是由于社会生产发展水平相当、人们的生存环境相似而各自创造出来的，如半地穴式和地面式的房子、仰身直肢的葬式以及长方形或梯形石斧、长方形或半圆形石刀、陶钵、陶碗等一些形制简单的器物。另一种则可能是由某一地区某一文化首先发明，然后又传播到另一文化的分布区中。这一类多半是比较复杂和特殊的因素或器物，一般不易在没有沟通的情况下在不同的地区分别独自发明。例如，像拔牙、二次合葬等一类奇异的习俗，像玉琮、獐牙勾形器和陶鬶一类复杂器形，像人面鱼纹、回旋勾连纹彩陶、神徽一类别致而特殊的纹样和图案等等[47]。而这类文化因素的传播，又有多种途径，或是简单地把甲文化的某一器物（文化现象）由原生地直接输出，类似于今天的商品交换和馈赠，这样就会在不同文化中存在完全一致的因素；另一种途径是文化信息的影响、借用和消化。甲文化的某个或某些器物被乙文化仿造，变成乙文化自身的因素，这样其形制或内容与原产地者就在似与不似之间。

如前所述，大汶口文化有一套具有强烈自身特征的文化因素。随着大汶口文化与外界接触的增多和联系的加强，这些文化因素不断地传播到邻境其他文化中去，甚至可以间接地波及大半个黄河、长江流域，对中国古代统一文化的形成做出了一定的贡献。分析这些文化因素的传播和影响，有助于我们了解大汶口文化在中国古代文明起源和形成过程中的作用和地位。

1. 对头骨枕部畸形和拔牙习俗起源、传播的考察

在大汶口文化发现不久，人类学家颜訚就发现大汶口居民具有枕骨人工变形和拔牙的习俗[48]。后来，在西夏侯、野店、尚庄、王因、呈子、三里河等多处遗址的大汶口文化墓葬中都有这两种现象发现（有的遗址里只见拔牙）。于是枕骨人工变形和拔牙就成为大汶口文化的典型特征之一。头骨枕部畸形这一文化现象，在史前时代较广泛流行，江苏常州圩墩、湖北房县七里河史前墓葬中都有发现，但以大汶口文化墓葬的出现率最高，且早期比晚期更高，男女两性中都有。

拔牙这一文化现象，见于大墩子、大汶口、西夏侯、王

因、野店、呈子、三里河以及茌平尚庄等大汶口文化墓地。颜訚、严文明、潘其风和韩康信等对此现象进行过系统研究。据潘其风、韩康信的观察研究，拔牙者的年龄在十四至十五岁的性成熟期，最为流行的方式是拔除一对上侧门齿，推测最初可能与取得婚姻资格的仪式有关。这一风习曾广为流行，史前时代的拔牙习俗在海岱地区之外主要发现于四个区域，即太湖地区、江汉地区、华南地区和台湾地区。太湖地区的拔牙习俗见于圩墩、三星村和崧泽等遗址，属马家浜文化晚期和崧泽文化，时代约为距今 6000 年至 5000 年；江汉地区的拔牙习俗见于房县七里河和淅川下王岗遗址，属于屈家岭文化，时代在距今 5000 年前后；华南地区的拔牙习俗见于珠江下游的增城金兰寺、佛山河宕以及闽江下游的闽侯昙石山等遗址，其年代不早于距今 4500 年；台湾地区的拔牙习俗则在圆山文化和卑南文化的许多遗址中都有所发现，年代约在距今 4000 年至 3000 年之间。除了考古发现以外，《山海经》、《淮南子》等古籍也有"凿齿"的记载，颜訚、严文明认为"凿齿民"和大汶口文化系统的居民都属于夷人[49]。后世分布在西南和华南地区的一些少数民族也曾有过拔牙的习俗。如西南地区的僚族、仡佬族和濮人，台湾地区的高山族等。

关于拔牙习俗的源流，曾被认为最早发生在大汶口文化早期，盛行于鲁南苏北一带的夷人分布区中。1989 年和 1990 年，中国社会科学院考古研究所山东队在宁阳东贾柏遗址发掘出二十三座北辛文化墓葬，经鉴定，十七具成年人骨中有十人拔牙[50]，并且拔除侧门齿的拔牙形态也与大汶口文化中的拔牙习俗完全相同。众所周知，北辛文化是大汶口文化的直接前身，这一发现把拔牙习俗的出现时间至少提前到了北辛文化中期，即距今 6600 年前后，它进一步确立了海岱地区作为中国乃至东亚地区拔牙习俗源发区的地位，为最终解决拔牙习俗的渊源问题向前迈进了一步。韩康信、中桥孝博认为拔牙习俗最初可能在海岱地区的北辛、大汶口文化居民中产生，即传说中的东夷集团里兴起。然后沿几个方向向外流传，一是沿黄河—长江之间传播到江汉地区的屈家岭文化分布区，但没有进入太行山地区或仰韶—龙山文化分布带；二是传入长江下游地区后，也可能沿江上溯到屈家岭文化分布区；三是自长江下游沿海经浙、闽到达珠江三角洲地区，在这个流传方向上可能影响到澎湖—台湾地区[51]；四是沿渤海湾传至辽东半岛和朝鲜半岛，也可能直接跨海到达这些半岛，甚至日本列岛。在日本绳纹时代中期之末始见拔牙现象，绳纹时代晚期之末开始频繁出现，并一直延续到弥生时代。但研究者也注意到，中国的拔牙兴盛期和消退期，都比日本相应的时期早约二千年左右，中国沿海的拔牙消退期正好相当于日本列岛上的拔牙最盛期。同时，中日两地的拔牙形态和发展趋势也存在相当大的差别[52]。

2. 对大汶口文化典型器物传播的研究

大汶口文化有一整套极富特征的陶器群，在对外文化传播中较有影响和比较清楚的是陶鬶、觚形器和背壶三类。

陶鬶形制复杂，有流，有把，颈下或腹下接三足。大汶口文化早期已见雏形，一般为三个实足，到大汶口文化晚期阶段出现空足（或称袋足、款足）。陶鬶不仅造型别致，而且早、晚期所选用的陶土也有所不同。早期采用与一般陶器相同的黏土。从晚期开始，又使用一种与一般陶土不同的高岭土为原料，烧成后呈白色或橙黄色，煞是美观。由于陶鬶的以上特点，加之数量多，又有完整的发展谱系，故被视为大汶口、龙山文化时期最典型的器物之一。此外，陶鬶不仅仅流行于海岱地区，在长江、黄河流域甚至岭南地区也有发现，尽管这些地区发现的数量不多，但它们是研究文化传播的绝好踪迹。

有的学者曾对陶鬶进行过探索和讨论[53]，其中以高广仁、邵望平的《史前陶鬶初论》最具有代表性[54]。该文首先对出自全国各地不同考古学文化的陶鬶进行了检索，依形态差别区分为五大类。然后主要依据层位关系并参照共存物的时代特征确定各型式陶鬶的相对年代，依据共存物的碳十四测年数据来大体推定绝对年代。最后归纳出陶鬶的发展谱系，理出陶鬶向外传播的方向及区域，并制作出陶鬶源流关系总图（图三七）。

陶鬶产生于海岱地区的大汶口文化早期，其形态特征为小口，无流，多为角状把手，实足。到中期，流部发达，把手为环形或半环形。大汶口文化晚期及以后，陶鬶发生较大变化，空足取代实足，并开始流行用高岭土烧造的白陶。大汶口文化中期，苏南地区良渚文化开始出现与大汶口文化风格相似的陶鬶，先是实足，后向袋足演变。同时，辽东半岛南部也有少量陶鬶出土。大汶口文化晚期和龙山文化早期，陶鬶的分布区域显著扩大。向西越过现今京广铁路；向南扩展到浙江、江西和广东；西南则到达长江中游地区。南方地区陶鬶的特征多与良渚文化的相近，推知它们可能是以良渚文化为中介的。海岱龙山文化中晚期的陶鬶，主要向西传播到黄河中游及江汉地区的诸龙山期文化中。值得注意的是，在公元前 2000 年前后，海岱地区陶鬶消失之后，在中原地区和江汉地区又发展出新式样的鬶和盉，并成为夏文化和当地青铜文化的基本特征之一。

瓠形器形制特殊，头重底轻，上体类似商代的铜瓠，有喇叭口和细长的柄部，下部为平底或再安三个凿形小足，个别为

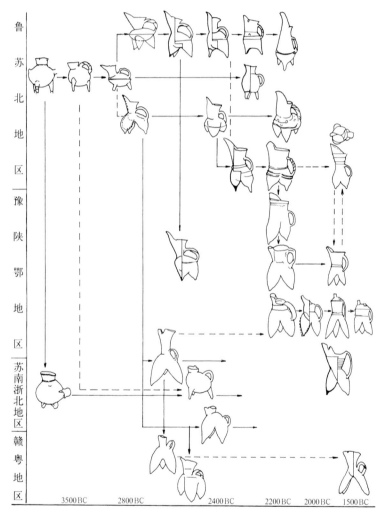

图三七　陶鬶（盉）源流分布示意图

圈足。有的底部有孔与柄部相通，可见并非容器。觚形器是大汶口文化的典型器物之一。觚形器产生并流行于大汶口文化早期阶段，中晚期数量减少，有的学者认为其具有礼器的性质，有的认为是与宗教活动有关的"法器"，绝非日用陶器。觚形器主要传播于江淮地区、太湖地区和辽东半岛南部。江淮地区南部的海安青墩遗址，觚形器的数量较多，其中既有平底的，也有附加三个凿形小足者，但与海岱本土的有所不同。太湖流域一些崧泽文化遗址中（如三星村、崧泽），也有类似的发现。辽东半岛南部的郭家村遗址发现过平底觚形器的底部，而位于广鹿岛的小朱山遗址则发现有三矮足觚形器的残片。觚形器向西传播的情况不甚清楚，在豫中地区及其以西尚未见到明确的报道，在豫东地区相当于大汶口文化早期阶段的墓葬中则出土过觚形器。

背壶也是大汶口文化的典型器物之一。背壶的形制不同于一般壶的特点是，腹部有一侧扁平，便于背携；双耳不对称，偏向于扁腹的一侧；在鼓腹的一面有一喙状泥突。背壶始见于大汶口文化中期阶段，至大汶口文化结束时基本消失。背壶的分布以汶泗河流域数量最多，沂沭河流域次之，而鲁北和胶东半岛地区较少。以往曾有学者在大汶口文化的研究中涉及背壶[55]，最近，苗霞又对背壶进行了专题研究[56]。与前述两种器物不同，背壶的主要传播区域在中原地区，约当于大汶口文化中期阶段，就在河南周口地区、郑州地区有所发现。大河村遗址出土了四件背壶，其中二件画饰彩并出自同一座墓葬（M9）。临汝北刘遗址也出土了二件素面背壶，这是目前考古发现中分布最西的二件，已进入豫西地区[57]。大汶口文化晚期阶段，背壶分布的区域与中期大体相同，如 80 年代在大河村发现的背壶，溜肩较甚[58]。偃师滑城 M1 出土的背壶[59]，颈部升高，与大汶口文化晚期背壶的变化趋势是一致的。

南方地区的背壶仅有一例，即在上海青浦县福泉山良渚文化墓葬中出土的一件彩陶背壶。发掘简报的编写者指出，这件背壶"与山东大汶口文化中晚期遗址出土的 I 式彩陶背壶（M92:2）相同。我们认为，这一器物很可能是从山东大汶口地区交换来的"[60]。也有学者认为，该背壶与大墩子 M107 彩陶背壶，从形制到纹样均较为相似[61]。由于这件背壶与大汶口文化同类器的密切关系，故许多学者都认为它应是直接来自北方的大汶口文化。

3. 大汶口文化对中国古代文明的贡献

大汶口文化丰富的文化内涵，随着对外交流规模的日益扩大，不断传播到中原地区和其他文化区；特别是在礼仪制度的精神文化方面，有许多被夏商文化所继承和吸收，如棺椁厚葬，鼎、豆、壶随葬礼器的组合，龟灵与犬牲，鼍鼓和鸡彝等；从而为中华古代文明的形成做出了突出的贡献。

中国古代文明的一大特征是"总一海内，整齐万民"[62]的礼制比较发达。礼制不同于社会习俗，却又脱胎于社会习俗。礼制是随文明的逐步成熟而不断完善的。礼制的一个重要组成部分是丧葬礼制，即对死者按等级规定行葬的制度，它主要是通过墓穴营造、棺椁制度、殓衾制度、随葬制度等来昭示人们的社会等级和名分。由考古发现可知，最初的丧葬礼制是在史前社会葬俗中萌芽的。在大汶口文化中晚期，社会上贫富悬殊，富有的社会上层通过埋葬达到夸富的目的，其手段之一就是棺椁葬具的出现。中国最早的棺椁就是从大汶口文化生产出来的。在大汶口文化早期，部分遗址（如大汶口）的一些墓葬就有熟土二层台。如前所述，所谓熟土二层台，就是木质葬具四周的填土。因此，也可以说，从大汶口文化早期起，很可能已经出现最早的木质葬具——木棺或木椁。大汶口文化中期，在许多遗址，如大汶口、呈子等墓地上，已清理出单层的木棺或木椁痕迹。到大汶口文化晚期，个别大型墓葬开始出现双层木质葬具，如野店 M62、M51 等，在井字形的木椁内套有木棺，随葬品则多置于棺、椁之间或二层台之上。进入龙山文化之后，在部分遗址的特大型墓葬中，如泗水尹家城和临朐西朱封，又出现三层葬具的实例，即两椁一棺，有的还有边箱和脚箱。大汶口、龙山文化棺椁制度的产生和发展，奠定了夏商周时期逐渐完备的棺椁制度的基础。

龟灵和犬牲是商殷时代两个有典型意义的文化现象，它们与以大汶口文化为主的史前文化埋葬中有龟、犬的史实之间，存在着源流关系。以龟甲随葬的现象，集中见于鲁南苏北地区的大汶口文化，在大汶口、王因、刘林和大墩子等墓地上，发现了至少五十副以上的龟甲，它们多出自随葬品较丰富的大中型墓葬，出土时多置于死者腰部。早在 30 年代李济就指出"殷墟文化是多源的……出土品中确可指为原始于东方的为骨卜、龟卜、蚕桑业、文身技术、黑陶、戈、瞿、戚、璧、瑗、琮等……"[63]。张光直认为"经过制作的龟甲在花厅文化中有一定的地位；殷人用龟甲于占卜，一方面可说是原有占卜文化的扩大，另一方面也可以说是原有龟甲文化的扩大使用"[64]。高广仁、邵望平作了题为《中国史前时代的龟灵与犬牲》[65]的专题研究，认为"海岱地区及长江流域史前文化中以龟随葬的文化现象及其所反映的'龟灵'观念，乃是商殷文化中'龟灵'、'龟卜'的渊源"。

以犬随葬和以犬为牲的遗迹在大汶口文化中发现得最多。从大汶口早期的刘林、王因到中晚期的大墩子、花厅、三里河等遗址，都发现数量不一的用狗随葬的墓葬，大墩子 M50 竟随葬了三只狗。以犬为牲也是商代葬制的重要特点，在已发现的商代牺牲中，犬牲的数量居于动物牺牲之首。高广仁等认为，商代以犬为牲的文化因素是吸收了海岱地区的文化因素发展而成的。

商周礼乐制度的重要载体之一——鼍鼓，可能源自大汶口文化。鼍即扬子鳄，鼍鼓系用鳄鱼皮蒙制的木鼓。鼍鼓在山西襄汾陶寺遗址曾有发现，较早的大汶口墓地也有发现。大汶口 M10 出土鳄鱼骨板八十四片，分两堆放置，有学者认为是鼍鼓遗存[66]。时代略晚的临朐西朱封龙山文化大墓 M202，墓室面积近 30 平方米，重椁一棺，随葬品中也发现数十片鳄鱼骨板，分两堆放置[67]。泗水尹家城龙山文化大墓 M15，墓室面积 25 平方米，重椁一棺，随葬品中有鳄鱼骨板一百三十余片，分三堆放置，另外还有陶质小圆锥体五十件[68]，此类物件也曾见于陶寺鼍鼓遗存，似为鼍鼓附件。由此看来，海岱地区大汶口—龙山文化的鼍鼓是一脉相承的。成书较晚的《禹贡》，在追述徐州的贡品时提到"淮夷蠙珠及鱼"，有学者认为淮夷进贡的鱼，就是指鳄（皮制品）[69]。而且在大汶口文化王因等遗址也发现了当时当地所产的扬子鳄遗骸，使我们有理由相信，中原地区鼍鼓的出现与来自东方大汶口文化的传播和影响有关。

夏商周三代的礼器组合，既相因袭，又有所损益。邹衡认为夏代的礼器组合主要为盉、爵和鸡彝，都是从东方地区传入中原的，而它们均源出于大汶口文化[70]。

前已述及，作为大汶口文化所特有的细长柄瓠形器，发展到大汶口文化晚期，又出现了平底瓠形器，其形制与夏文化（二里头文化）的瓠极为相似。因此，"其从东方传来是无可置疑的"。

邹衡据《礼记·明堂位》记载，认为鸡彝是夏代的重要礼器之一，是夏文化中源于东方陶鬹的封口盉，通体像雄鸡之形。它们都是由共同的祖型——大汶口文化的鸡彝（陶鬹）发展而来的。商代礼器之一的爵（青铜的和陶的）是继承夏文化铜爵而来，而最早形态的爵也是从鸡彝（鬹）中分化出来的。唐兰指出大汶口文化的陶温器（即陶鬹）应是爵的前身，而且它就是爵，而不应该称为鬹。并认为"三代礼器，大体上是从大汶口文化这类陶器流传下来的[71]。

杜在忠注意到大汶口、龙山文化与二里头文化的关系。他认为，二里头文化早晚期的陶器组合和形制有较大差别，而早期与大汶口、龙山文化系统之间有密切的联系，并指出这种联系是普遍的、内在的和必然的[72]。

总体观之，大汶口文化及其后续龙山文化是殷商文明的重要源头之一是可信的。随着考古发现的增多，持这种观点的学者越来越多。张光直认为，殷商文化中的许多非常重要的特征，"很清楚地可以在花厅文化（即大汶口文化——引者注）里找到祖型或原型：

1. 厚葬。

2. 木椁及二层台。

3. 龟甲。

4. 若干陶器形制与白陶。

5. 骨匕、骨雕、松绿石嵌镶及装饰艺术中的纹样"[73]。

刘敦愿则从中国夏商时期青铜器器种、结构、装饰艺术以及色彩、玉器、象牙雕刻等方面，分析了东方大汶口、龙山文化对夏商文化的影响[74]。

以上众多学者的研究，从不同的视角阐明了大汶口文化对中国古代文明形成和发展的巨大贡献。也可以说，这是大汶口文化研究中的重中之重的课题。

注　释

[1] 如按严文明的分期意见，就是仰韶文化第二、三、四期。参见严文明《略论仰韶文化的起源和发展阶段》，《仰韶文化研究》，文物出版社 1989 年版。

[2] 郑州市博物馆《郑州大河村遗址发掘报告》，《考古学报》1979 年第 3 期。

[3] 栾丰实《海岱地区彩陶艺术初探》，《海岱地区考古研究》，山东大学出版社 1997 年版。

[4] 吴汝祚《北辛文化的几个问题》，《庆祝苏秉琦考古五十五年论文集》，文物出版社 1989 年版。

[5] 河南省文物研究所等《淅川下王岗》图一六三：7，文物出版社 1989 年版。

[6] 武津彦《略论河南境内发现的大汶口文化》，《考古》1981 年第 3 期。

[7] 如，伍人《山东地区史前文化发展序列及相关问题》，《文物》1982 年第 10 期。杜金鹏《试论大汶口文化颖水类型》，《考古》1992 年第 2 期。栾丰实《仰韶时代中原与东方的关系》，《考古》1996 年第 4 期。

[8] 中国社会科学院考古研究所洛阳工作队《1975 年豫西考古调查》，《考古》1978 年第 1 期。

[9] 郑州市文化局文物工作一队《郑州西郊仰韶文化遗址发掘简报》，《考古通讯》1958 年第 2 期。

[10] 大河村第四期 M9，使用了两件典型的大汶口文化背壶随葬。参见郑州市博物馆《郑州大河村遗址发掘报告》，《考古学报》1979 年第 3 期。

[11] 周口地区文化局文物科《周口市大汶口文化墓葬清理简报》，《中原文物》1986 年第 1 期。

[12] 武津彦《略论河南境内发现的大汶口文化》，《考古》1981 年第 3 期。杜金鹏《试论大汶口文化颖水类型》，《考古》1992 年第 2 期。王吉怀《试论大

汶口文化尉迟寺类型》,《考古求知集》,中国社会科学出版社 1997 年版;
《尉迟寺类型的学术意义》,《刘敦愿先生纪念文集》,山东大学出版社 1998
年版。苗霞《大汶口文化尉迟寺类型及其年代与分期》,《考古与文物》1998
年第 6 期。

[13] 栾丰实《仰韶时代东方与中原的关系》,《考古》1996 年第 4 期。

[14] 中国科学院考古研究所洛阳发掘队《河南偃师"滑城"考古调查简报》,《考
古》1964 年第 1 期。

[15] 张脱《河南平顶山市发现一座大汶口文化类型墓葬》,《考古》1977 年第 5
期。

[16] 高炜《中原龙山文化葬制研究》,《中国考古学论丛》,科学出版社 1993 年
版。

[17] 苏秉琦《略谈我国东南沿海地区的新石器时代考古》,《苏秉琦考古学论述选
集》,文物出版社 1984 年版。

[18] 关于胶东、辽东两个半岛之间文化交流方面的论文较多,以讨论两地关系为
主的论文主要有:佟伟华《胶东半岛与辽东半岛原始文化的交流》,《考古学
文化论集(二)》,文物出版社 1989 年版;王锡平、李步青《胶东半岛与辽
东半岛史前文化的交流》,《中国考古学会第六次年会论文集》,文物出版社
1990 年版;宫本一夫《海峡を挟む二つ地域—山东半岛と辽东半岛、朝鲜
半岛と西北九州、その地域性と传播问题》,《考古学研究》第 37 卷第 2 号,
1990 年 9 月;栾丰实《辽东半岛南部地区的原始文化》,《海岱地区考古研
究》,山东大学出版社 1997 年版。在讨论胶东或辽东地区史前文化中涉及两
地关系的有:小川静夫《极东先史土器の一考察——辽东半岛を中心とし
て—》,《东京大学文学部考古学研究室研究纪要》第 1 号,1982 年;郭大
顺、马沙《以辽河流域为中心的新石器文化》,《考古学报》1985 年第 4 期;
韩榕《胶东史前文化初探》,《山东史前文化论文集》,齐鲁书社 1986 年版;
许玉林《辽东半岛新石器文化初探》,《考古学文化论集(二)》,文物出版社
1989 年版;张江凯《论北庄类型》,《考古学研究(三)》,科学出版社 1997
年版。

[19] 辽宁省博物馆等《大连市郭家村新石器时代遗址》,《考古学报》1984 年第 3
期;《长海县广鹿岛大长山岛贝丘遗址》,《考古学报》1981 年第 1 期。

[20] 夏鼐《所谓玉璇玑不会是天文仪器》,《考古学报》1984 年第 4 期。

[21] 郭大顺《大南沟的一种后红山文化类型》,《考古学文化论集(二)》第 59～
77 页,文物出版社 1989 年版。

［22］伍人《山东地区史前文化发展序列及相关问题》，《文物》1982 年第 10 期。

［23］牟永抗《试论良渚文化和大汶口文化的关系》，《中国考古学会第七次年会论文集》，文物出版社 1989 年版。吴汝祚《论良渚文化与大汶口、龙山文化的关系》，《东南文化》1989 年第 6 期。任式楠《长江黄河中下游新石器文化的交流》，《庆祝苏秉琦考古五十五年论文集》，文物出版社 1989 年版。杜金鹏《关于大汶口文化与良渚文化的几个问题》，《考古》1992 年第 10 期。栾丰实《大汶口文化与崧泽、良渚文化的关系》，《中国考古学会第九次年会论文集》，文物出版社 1997 年版。何德亮、孙波《试论鲁南苏北地区的大汶口文化》，《东南文化》1997 年第 3 期。

［24］《淮河下游新石器时代的绚丽画卷——龙虬庄遗址与江淮地区古文化学术座谈会专家发言纪要》，《东南文化》1999 年第 3 期。

［25］南京博物院《江苏海安青墩遗址》，《考古学报》1983 年第 2 期。

［26］上海市文物保管委员会《崧泽》，文物出版社 1987 年版。

［27］武进县文化馆等《江苏武进潘家塘新石器时代遗址调查与试掘》，《考古》1979 年第 5 期。

［28］梅福根《江苏吴兴邱城遗址发掘简介》，《考古》1959 年第 9 期。

［29］南京博物院《江苏吴县草鞋山遗址》，《文物资料丛刊》第 3 集，1980 年。

［30］江苏文物工作队《江苏邳县刘林新石器时代遗址第一次发掘》，《考古学报》1962 年第 1 期。南京博物院《江苏邳县刘林新石器时代遗址第二次发掘》，《考古学报》1965 年第 2 期。

［31］南京博物院《江苏邳县四户镇大墩子遗址探掘报告》，《考古学报》1964 年第 2 期；《江苏邳县大墩子遗址第二次发掘》，《考古学集刊》第 1 集，中国社会科学出版社 1981 年版。

［32］上海市文物保管委员会《上海青浦福泉山良渚文化墓葬》，《文物》1986 年第 10 期。

［33］栾丰实《良渚文化的北渐》，《中原文物》1996 年第 3 期。

［34］南京博物院考古研究所等《江苏阜宁陆庄遗址》，《东方文明之光——良渚文化发现 60 周年纪念文集》，海南国际新闻出版中心 1996 年版。

［35］南京博物院新沂工作组《新沂花厅新石器时代遗址概况》，《文物参考资料》1956 年第 7 期。南京博物院《1987 年江苏新沂花厅遗址的发掘》，《文物》1990 年第 2 期。《1989 年江苏新沂花厅遗址的发掘》，《东方文明之光——良渚文化发现 60 周年纪念文集》，海南国际新闻出版中心 1996 年版。

［36］栾丰实《花厅墓地初论》，《东南文化》1992 年第 1 期。王根富《花厅墓初

探》，《东南文化》1992 年第 2 期。南京博物院《1989 年江苏新沂花厅遗址
的发掘》，《东方文明之光——良渚文化发现 60 周年纪念文集》，海南国际出
版中心 1996 年版。

[37] 车广锦《海岱地区文明起源初探》，《东南文化》1994 年第 4 期。

[38] 燕生东《花厅墓地的分期与文化性质》，《刘敦愿先生纪念文集》，山东大学
出版社 1997 年版。

[39] 池锦祺、王昌燧等《中国新沂市新石器时期古陶器的产地分析研究》，《中国
科学技术大学学报》第 25 卷第 3 期，后被收入《东方文明之光——良渚文
化发现 60 周年纪念文集》，海南国际新闻出版中心，1996 年。

[40] 徐旭生《中国古史的传说时代》第 51 页，科学出版社 1960 年第 1 版。

[41] 高广仁《莒文化的考古学研究》，《莒文化研究专辑（二）》，莒县文史资料委
员会编，2000 年版。

[42] 徐基《简论山东地区史前的对外文化交流及其相关问题》，《刘敦愿先生纪念
文集》，山东大学出版社 1998 年版。

[43] 苏秉琦主编《中国通史·远古时代》第 267～272 页，上海人民出版社 1994
年版。

[44] 严文明《碰撞与征服——花厅墓地埋葬情况的思考》，《文物天地》1990 年
第 6 期。

[45] 张明华《关于一批良渚型古玉的文化归属问题》，《考古》1994 年第 11 期。

[46] 徐坚《花厅墓地浅析》，《东南文化》1997 年第 3 期。

[47] 高广仁、邵望平《史前陶鬶初论》，《考古学报》1981 年第 4 期。

[48] 颜誾《大汶口新石器时代人骨的研究报告》，《考古学报》1972 年 1 期。

[49] 严文明《大汶口文化居民的拔牙风俗和族属问题》，《大汶口文化讨论文集》，
齐鲁书社 1979 年版。

[50] 中国社会科学院考古研究所山东工作队《山东汶上县东贾柏村新石器时代遗
址发掘简报》，《考古》1993 年第 6 期。

[51] 韩康信、潘其风《我国拔牙风俗的源流及其意义》，《考古》1981 年第 1 期。

[52] 韩康信、中桥孝博《中国和日本古代仪式拔牙的比较研究》，《考古学报》
1998 年第 3 期。

[53] 高广仁《试论大汶口文化的分期》，《考古学报》1978 年第 3 期。刘心健、
范华《从陶鬶谈起》，《故宫博物院院刊》1979 年第 2 期。唐兰《论大汶口
文化中的陶温器》，《故宫博物院院刊》1979 年第 2 期。吴汝祚《论大汶口
文化的类型与分期》，《考古学报》1982 年第 3 期。栾丰实《大汶口文化的

分期和类型》,《海岱地区考古研究》,山东大学出版社 1997 年版。

[54] 高广仁、邵望平《史前陶鬶初论》,《考古学报》1981 年第 4 期。

[55] 高广仁《试论大汶口文化的分期》,《考古学报》1978 年第 3 期。吴汝祚《论大汶口文化的类型与分期》,《考古学报》1982 年第 3 期。栾丰实《大汶口文化的分期和类型》,《海岱地区考古研究》,山东大学出版社 1997 年版。

[56] 苗霞《大汶口文化背壶简论》,《考古求知集》,中国社会科学出版社 1997 年版。

[57] 河南省文物研究所《河南临汝北刘庄遗址发掘报告》,《华夏考古》1990 年第 2 期。

[58] 郑州市文物工作队等《郑州大河村遗址 1983、1987 年仰韶文化遗存发掘报告》,《考古》1995 年第 6 期。

[59] 中国科学院考古研究所洛阳发掘队《河南偃师"滑城"考古调查简报》,《考古》1964 年第 1 期。

[60] 上海市文物保管委员会《上海青浦福泉山良渚文化墓葬》,《文物》1986 年第 10 期。

[61] 吴汝祚《论良渚文化与大汶口、龙山文化的关系》,《东南文化》1989 年第 6 期。

[62] 司马迁《史记·礼书》,中华书局 1959 年版。

[63] 李济《安阳最近发掘报告及六次工作之总估计》,《安阳发掘报告》第四期,1936 年。

[64] 张光直《殷商文明起源研究上的一个关键问题》,《沈刚伯先生八秩荣庆论文集》,联经出版事业公司 1976 年版。

[65] 高广仁、邵望平《中国史前时代的龟灵与犬牲》,《中国考古学研究》,文物出版社 1986 年版。

[66] 高炜《龙山时代的礼制》,《纪念苏秉琦考古五十五年论文集》,文物出版社 1989 年版。

[67] 中国社会科学院考古研究所山东工作队《山东临朐朱封龙山文化墓葬》,《考古》1990 年第 7 期。

[68] 山东大学历史系考古教研室《泗水尹家城》,文物出版社 1990 年版。

[69] 邵望平《〈禹贡〉九州的考古学研究》,《考古学文化论集(二)》,文物出版社 1989 年版。

[70] 邹衡《试论夏文化》,《夏商周考古学论文集》,文物出版社 1980 年版。

[71] 唐兰《论大汶口文化中的陶温器》,《故宫博物院院刊》1979 年第 2 期。

[72] 杜在忠《试论二里头文化和渊源——兼述泰山周围大汶口—龙山文化系统的族属问题》,《史前研究》1985 年第 3 期。

[73] 同 [64]。

[74] 刘敦愿《试论中国青铜时代艺术中的东方史前文化因素》,《史前研究》1985 年第 4 期。

五 大汶口文化的多学科综合研究

最早介入大汶口文化研究的自然科学门类是人类体质形态学。前已述及，70年代初发表了颜訚的大汶口、西夏侯人骨鉴定研究报告[1]。到80年代，随着中国考古学的发展，许多新的研究方法和科学技术不断被运用到考古学研究之中，从而形成以考古学研究为主的多学科综合研究的新局面。大汶口文化的研究也经历了这样一个过程，在一些研究领域里取得了可喜的甚至是突破性的收获。这主要包括以体质人类学为主体的文化人类学研究，以动植物遗存鉴定为主要手段的古环境复原，从遗址分布研究海岸线变迁，以及环境与史前经济、文化关系的研究，陶器原料产地的分析与陶业工艺、技术的实验研究等。

（一）人类体质形态学的鉴定与研究

众所周知，人是古代文化遗存的创造者，人骨的体质形态特征、人群的族属还可说明其与特定文化的联系，甚至能考察到彼时彼地人们共同体所特有的社会习俗留在人骨上的痕迹以及对古代人类病理学的观察研究。因此史前人类体质形态学的考察，就成为考古学研究的重要内容。大汶口文化已发掘墓葬近三千座，提供了最丰富的材料。三十多年来的研究主要有以下几个方面：

1. 人骨性别、死亡年龄的"常规"鉴定。其结果成为考古学者认识、解释许多考古现象的科学依据。如推定（墓地所属）社会人口死亡年龄高峰及平均死亡年龄。再如死者的性别、年龄对理解特殊葬式、双人合葬、多人合葬之类的葬俗背景的至关重要性，也是不言而喻的。几乎所有发表的正式发掘报告中，都同时发表了人骨鉴定报告。

2. 人种属性的研究。体质人类学家对大汶口、西夏侯、大墩子和王因墓地的人骨资料进行了全面而系统的体质形态的测量、鉴定，重点是研究人种属性问题。颜誾认为，大汶口组和西夏侯组的重要体征基本一致，不存在显著差异，两者属于同一种族类型。颜誾把大汶口、西夏侯组与仰韶文化的华县组、现代的玻利尼西亚组群比较，认为大汶口、西夏侯组与华县组之间"存在着不同程度的显著性的差异"，而在十九项体征中，有十六项处于玻利尼西亚组群的变异范围内。大汶口人和玻利尼西亚人都有头骨人工变形和敲牙的习俗。因此，大汶口和西夏侯组的种族类型，"属于蒙古大人种中的玻利尼西亚类型"[2]。

韩康信和潘其风重新考察了大汶口文化居民的体质类型[3]，认为，仰韶组群与玻利尼西亚组群之间的近疏程度同大汶口组群与玻利尼西亚组群之间的近疏程度没有明显的不同，仰韶和大汶口都大致同等地疏远玻利尼西亚组群。经过对部分测量项目的计算，发现大汶口与仰韶居民之间在体质上存在密切关系，未超出同一种系的范围，都较多地接近于现代蒙古人种中的东亚类型，而大汶口居民与近代玻利尼西亚组群之间存在着较疏远的关系，进而否定大汶口居民属于蒙古大人种中的玻利尼西亚类型的结论。

3. 人骨上特殊习俗遗痕的观察与研究。如前所述，盛行于大汶口文化早期的拔牙、头骨枕部变形以及因口含小球致使齿弓变形，以及施行这些毁体习俗的性别、年龄等，都是由体质人类学家观察发现和判明的，它对于认识该族群这一突出文化特征的流变及文化人类学上的意义，乃至研究其在黄河长江流域史前文化区系间的影响，都至关重要。韩康信和潘其风在鲁南王因和苏北大墩子墓地的人骨材料上观察到一种上下颌骨的臼齿和相应的齿弓位置人为变形的现象，并进行了系统的分析研究[4]。变形的个体在第一至第三后臼齿的颊面存在一个被称为"球面磨蚀"的异常磨蚀，严重者可导致齿槽骨向舌侧方向萎缩，使臼齿齿根几乎全部露出齿槽。这种现象同时存在于上下颌骨的左右两侧。王因遗址的 M127、M2343、M4002 等墓的墓主有齿弓变形现象，同时在口腔内或颌骨附近发现有小硬球。这种小硬球在人死亡之前含于口腔的齿列与软颊之间，长期的摩擦运动使臼齿受到严重损伤，使它们全部在生前脱落，齿槽萎缩闭合，齿槽骨向舌面显著退缩。因此，可以确定死者生前口含的小硬球是直接导致颌骨球面磨蚀的机械因素。这种小硬球主要为石质（如石英岩），也有个别为陶质，直径在 15～20 毫米之间。一个死者的口腔内只发现一枚石球或陶球，因而推想其在口腔内是可以左右调动的，以造成两侧的颌骨球面磨蚀。齿弓变形这种现象目前只见于王因和大墩子两处遗址，时代以大汶口文化早期为主。其他地区尚未见到此类报道。这种习俗与性别、年龄的关系是，在王因墓地发现的二十例中，十七例为女性，男性只有二例，另一例性别不详。在大墩子墓地发现的十三例中，女性占十例。因此，有人认为这种习俗主要出现在女性身上。以上诸例中含球年龄最小的一例是王因墓地的 M2498 墓主，其年龄只有六岁，说明这种习俗可能始于幼年。关于这种习俗的社会意义，还没有一个比较合理的解释。或认为口内含球主要见于女性，石、陶球乃模拟鸟卵，与原始的祈育有关；或认为与幼童换牙期必须在口内含硬物以巩固牙床有关等等[5]，均聊备一说。这种特殊的习俗虽然大致与拔牙、头骨枕部变形同时存在于鲁南苏北，但它较之后两者的流行范围要小得多，在鲁南苏北之外绝无发现，流行时间也较短，在大汶口文化晚期的墓地上也没有发现，大约是因为这一习俗特别残酷，而难以在更大人群、更长时间里传播。附带提到，在大墩子一具遗骨上发现了骨镞射入股骨的遗留，在三里河一个人头骨上还发现了砍痕，在一个死者的股骨上看到了骨折愈合的痕迹。

（二）环境复原与文化关系的研究

自 70 年代以来，在大汶口文化遗址的发掘中，学者们多注意了提取环境信息，考察了原始文化面貌上的环境影响，组织了多学科的自然科学家与考古学家共同进行综合研究，得出了一些复原古代环境的科学的结论。十年前，学术界就曾发表过一些有关论述[6]，近十年来由于新方法、新技术的应用，以及新视角的出现，大汶口文化所处的环境复原研究又有了大的进展。现仅以几处遗址为例：

兖州县王因　位于东经 116°43′、北纬 35°27′。1975 年至 1978 年间进行了七次发掘[7]。遗址呈缓坡土丘状，其中心部分现仍高出周围平地约 1.5 米，附近有古河道。遗址东距泗水 4 公里，西距京杭运河—南阳湖不足 20 公里。王因遗址上层以大汶口文化早期墓地为主要堆积，下层为北辛文化晚期遗存。上、下文化层（主要是上文化层）出土的自然遗物中，经鉴定的各类动物残骨和介壳标本多达近万件[8]：哺乳类有家猪、水牛、黄牛、狗、狼、狐、貉、獾、水獭、野猫、虎、棕熊、水鹿、白唇鹿、梅花鹿、四不像、狍、獐、野猪；鸟类有家鸡、雁、灰鹤；爬行类有乌龟、鳖、扬子鳄（鼍）；硬骨鱼类有鲤鱼、草鱼、青鱼、圆吻鲴、南方大口鲶、鲶鱼、长吻鮠。需要特别提出的有三项：

① 从十多个灰坑出土了至少属于二十个个体的扬子鳄头骨残骸和皮下骨板[9]（图三八）。从残存的鳄下颌骨长度判断，大鳄的体长在 1.5 米以上，小鳄的体长不足 1 米。这些鳄的残骸有的被烧黑、被打碎，与其他食物垃圾弃置一起，证明当时鳄是作为一项当地所产的食源，从距离不远的河流湖泊中捕获的。我国现生的扬子鳄仅见于长江中下游北纬 30°～31°、东经 118°～120°的狭小范围内，栖息于河湖、山涧，临沼泽营深穴，长年穴居。王因扬子鳄的发现说明，当时、当地有适宜于扬子鳄生存的环境。

② 地层、灰坑中出土了数以百公斤计的大量淡水软体动物壳体。既有壳厚可达 2 厘米多的老年个体，也有仅似指甲盖大小的幼年个体，其中不少被砸破或被烧成黑色，由此确知其为当地所产的另一种重要食源。这些标本经鉴定，"共得 10 属34 种。其中 8 属 30 种为瓣鳃类，2 属 4 种为腹足类。在 30 种瓣鳃类中有 1 新种，1 新名称，2 比较种。30 种中的 16 种，属丽蚌的 6 亚属。腹足类中有中国圆田螺等 4 个种"[10]，另有伶鼬榧螺（图三九）。王因丽蚌动物群的成员中既有绝灭种，有地史时期分布生长的古老的现生种，也有仅生活于现代的种群。按分布地域论，适应性强的广谱属种，有现分布于淮河中

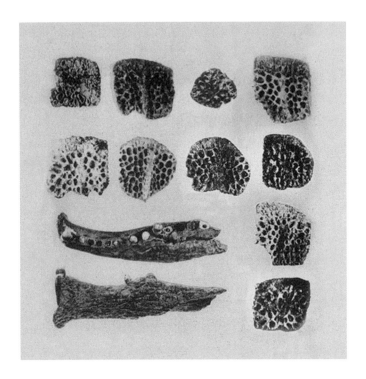

图三八　兖州王因出土的扬子鳄皮下骨板及下颌骨残段

（引自《山东王因》）

下游和长江中下游的，也有仅分布于现今长江中下游水域的，且以后者数量最多。"王因丽蚌动物群生活时期的气候与当今淮河中下游以南至长江中下游流域的气候相似，亦属暖温带以至亚热带气候。王因丽蚌动物群生存于远离陆源区的平原地区，这里存有大中型湖泊及其周围的入、泄水系，该动物群可能栖息于近岸的河口区、浅湖区，也可能是一条较大的近湖河道，水流清澈，水中含一定浓度的碳酸钙，水底为泥沙质，富

图三九 兖州王因出土的软体动物遗存（引自《山东王因》）

含有机质和微生物。"还需指出的是，王因遗存中有一些破碎
的蚌器，特别是一种有孔的蚌铲和切割成一定形状的蚌材为数
不少，这是典型的依环境条件而出现的文化现象。

③王因遗址孢粉分析结果有禾本科植物，可能为水稻的花粉[11]；有"亚热带的蕨类植物孢子，如凤尾蕨属中的蜈蚣草、海金沙。此外，还找到了水龙骨、唐松草以及植物茎秆、栎的果核和禾本科植物较多的花粉。在王因红烧土中分析出的植物硅酸体，是以反映温暖湿润的哑铃型、扇型、方型、长方形占绝对优势的"[12]。总之，距今 6300 年至 5500 年间，王因附近有大片水域，有丰富的水生资源，气候较今日温暖、湿润，与现在长江流域的气候条件相似。在这一环境条件下，其经济类型是以农业（可能存在稻作农业）为主，以家养猪（猪骨占家畜、家禽遗骨的 65%）、狗、黄牛、水牛、鸡等为副业，狩猎、渔捞又均占重要地位的综合性经济类型。渔猎工具多、蚌器多，也是环境所使然。

兖州六里井　位于东经约 116°46′、北纬约 35°34′。该遗址出土的自然遗物中，属于大汶口文化时期的"动物种属有猪、牛、獐、麋鹿、麂、犬、豹猫和淡水贝类的河蚌、蚬及铜锈黄棱螺"。这一时期出现的植物均为暖温带生长的乔木树种[13]。

枣庄建新　位于东经约 117°22′、北纬约 34°56′。用浮选法从房基、灰坑中提取的生物遗存中有粟粒，有鱼脊椎骨、眼眶骨和其他脊椎动物的牙齿等。孢粉分析的结果是，"除出现栎、胡桃、虞等暖温带落叶阔叶乔木树种外，还出现了喜温干的松树以及旱生的草本和小半灌木，如蓼、藜、豆科、蒿、禾本科、麻黄以及生于森林区及森林草原带干燥山坡上成匍匐状的中华卷柏，组合中未见到水生植物孢粉、亚热带乔木树种花粉，但却出现了现生亚热带、一般要求温度变幅不大、生长在潮湿的林木下或沟谷的草本状蕨类，如紫萁、中华里白"。"有限的孢粉分析资料和动物残片可能表示当时的先民既可采摘胡

桃、栎、榆的果实，又可捕取鱼类和狩猎，特别是随着聚落的
扩大，单纯的自然索取已不能满足人口日益增长的需要，因此
在特定的丘陵环境下种植适应性强的较耐干旱的粟。总的看，
当时仍较今略显温暖潮湿。因此仍残存有亚热带蕨类成分，但
其森林已遭到不同程度的破坏。"[14]

安徽蒙城尉迟寺　位于东经 116°22′（?）、北纬 33°5′
（?）。从大汶口文化晚期到龙山文化时期，谷子的硅酸体呈减
少趋势，而水稻的硅酸体则呈增多趋势，说明粟类和稻类作物
既在尉迟寺遗址共存，又反映出两者的数量关系呈逆向变化的
趋势[15]。总之，这是第一次在大汶口文化遗址中发现有人工
栽培水稻的实例，对于研究大汶口文化农业生产和皖北地区大
汶口时期的生态环境等课题具有重要意义。

广饶五村　位于东经 118°22′、北纬 37°5′，濒临莱州湾，
是一处海拔高度为 14 米的台形遗址。经鉴定，从大汶口文化
地层、灰坑中出土的自然遗物中，有三种海生软体动物：毛
蚶、文蛤、牡蛎；九种淡水软体动物：圆顶珠蚌、扭蚌、圆头
楔蚌、楔蚌、短褶矛蚌、背瘤丽蚌、楔形丽蚌、失衡丽蚌、无
齿蚌；一种淡水鱼：青鱼；三种家畜：家猪、牛、羊（以猪骨
最多）；五种野生动物：野猪、豺、狗獾、鹿、麋鹿（以鹿最
多）。这些动物遗存是当时人们食剩的垃圾或加工骨器、蚌器
的余料。上述二十一种动物之组合反映出：（1）毛蚶、文蛤等
大多生活在河流入海口处的泥沙质沙滩中。这些浅海半咸水相
软体动物遗骸的存在，说明遗址当时一定不会距海太远，否则
先民就难以远赴海滩捕捞这些生物。（2）楔蚌、丽蚌等皆属流
水型软体动物，现生种主要分布在温暖、湿润的南方省区的河
流以及与河流相通的湖泊中，"表明当时的气候比较温暖、湿

润，降水经常，应与现在的南方省区气候相似"；遗址附近应有适于这类软体动物生存的流水环境——河流或与和河流相通的湖泊，流量中等，底质为泥沙。(3) 麋鹿生活于水草丰茂地带，而野猪和狗獾则栖居于灌木杂生的土丘或水边。五村遗址由于它的地理位置和有适应"两合水域"（即河流入海口处）的贝类遗存，对说明海岸线变迁有重要意义[16]。

(三) 海平面、地貌变迁及
相关问题的研究

海平面的升降变化，直接影响着人们的生存空间。所以，由海岸线显示的海平面的升降，是古环境研究的重要内容，一直受到学术界的关心和重视。气候的变迁是海面变化的一个主要动因，海岸线随之发生变化，由此又引起局部地区地貌的变化，也就影响到古代人类的生存环境。多学科的研究表明，全新世初期由于气候迅速回暖，海面急剧上升，此后随全新世以来气候的冷暖交替，海面出现多次升降。赵希涛等在 70 年代至 80 年代期间就做了大量研究[17]，其最新研究成果，集中反映在赵希涛于 1994 年发表的《江苏建湖庆丰剖面全新世气候变迁和海面变化：中国沿海的一个典型实例》[18]一文中。文章认为，"庆丰地区 10000 年来海面变化具有如下特点：①全新世海面是波动的，具有 9.8~9.2kaBP、8.6~7.6kaBP、7.5~6.6kaBP、6.5~5.6kaBP、5.4~4.8kaBP、4.6~4.0kaBP 和 2.3~1.2kaBP 等 7 次波峰及其间的 6 个波谷，其中后 5 个波峰均有高于现今海面的高海面。②10000 年来的海面变化可划分为如下阶段：9.8kaBP 前的迅速上升，9.8~7.5kaBP 间的

急剧波动，7.5～4.0kaBP 间为长时间持续的高海面时期，4.0
～2.3kaBP 间的海面明显下降，及 2.3～1.2kaBP 间的海面明
显上升并再次高于现今海面。③10000 年来至少有 4 次海面明
显下降时期：9.2～8.6kaBP、6.6～6.5kaBP、4.8～4.6kaBP
及 4.0～2.3kaBP，其中 9.2～8.6kaBP 及 4.0～2.3kaBP 间海
面下降幅度可达 4m 或更多，6.6～6.5kaBP 及 4.8～4.6kaBP
间海面下降亦可达 2m 左右"。

"庆丰地区全新世气候变迁与海面变化有相当程度的一致
性，即海面的波峰大体相当于暖期，波谷相当于冷期，如 9.8
～9.2kaBP 的海面第一次波峰及其以前的海面上升相当于
10.0～9.0kaBP 的第一次暖期；9.2～8.6kaBP 的海面波谷相
当于 9.0～8.0kaBP 的冷期；8.6～7.6kaBP 的海面上升和 7.5
～4.0kaBP 的高海面时期，与 8.5～4.0kaBP 间的全新世高温
期相对应，其间所存在的 7.6～7.5kaBP 及 6.6～6.5kaBP 的
海面下降，则与 7.3～7.2kaBP 及 6.6～6.5kaBP 间的冷期相
当；而 4.0～2.3kaBP 的相对低海面（因记录不足不能细分），
则大体对应于 3.0～2.9kaBP 及 2.4～2.1kaBP 间的两次冷期；
2.3～1.2kaBP 间的较高海面相当于 2.1～1.2kaBP 间的暖期。
当然，全新世海面变化不可能完全与气候变化同步：全新世高
海面时期显然比全新世高温期或气候最宜时期开始晚（前者为
7.5kaBP，后者为 8.5kaBP），且持续时间（7.5～4.0kaBP）
要比后者（8.5～4.0kaBP）为短，某些海面下降（如 4.8～
4.6kaBP 等）也缺乏对应的冷期。

应当指出，气候变迁与海面变化既是全球变化的重要组成
部分，又有各自区域性特征。因此，我们不能局限于单个剖面
的记录，而应从全球角度考虑问题。"

由于江苏建湖地区大约位于北纬 33.5 度，与海岱区南缘相邻，因此对于山东沿海海面的升降具有很高的参照价值。气候、海面的这一变迁，虽具有一定的区域性，但这一变化趋势与全球性变化相关，庆丰剖面实际是反映中国东部沿海全新世气候变迁和海面波动的一处典型剖面。

全新世时期的海面升降，直接后果就是海岸线的变迁。早在 60 年代，丁骕就参照当时已知的山东史前考古发现，试图复原全新世渤海湾西南岸海岸线的变迁，1965 年他发表了复原设想图[19]。巫鸿利用丁骕的研究结论，通过山东地区古代地形变迁和地理分布的资料，对环境与文化发展的关系进行了有益的探讨，在关于大汶口文化的论述中，尤为强调传播和文化影响的作用[20]。徐其忠根据渤海湾西南岸遗址的位置，重新复原了那里的古海岸线，具有考古科学的依据，并对丁骕设想的复原作了重大修正。胡秉华根据山东地区北辛文化、大汶口文化遗址在现今南四湖一带、渤海湾西南岸、海州湾沿岸的分布与海拔高程，复原了海岱区的可信海岸线以及鲁西地貌，同样修正了丁骕的意见[21]。中国社会科学院考古研究所的碳十四学者仇士华、冼自强、薄官成等与自然科学学者合作，对莱州湾东岸全新世海岸变迁的考察[22]，也有助于判断渤海湾海岸线的变迁。王锡平从胶东半岛新石器时代遗址的分布来分析海岸线的变迁，证实了距今五六千年前中国东部地区高海面的出现和以后海面的波动[23]。王青对大汶口文化的自然环境进行了较为系统的研究。他把影响大汶口文化发展的自然环境要素划分为地貌、土壤等稳定因素和水文、气候、生物等活动要素两个部分，认为大汶口早中期的年均气温比现在要高出3℃～4℃，晚期开始下降，与现在持平或略高。由于气候的冷暖变化会导致海平面的升降，王青利用遗址的分布和地质方面的一些研究成果，对渤海湾西南侧和淮北平原地区距今6000年及5000年两个时期的海岸线进行了复原；并认为文献记载的先秦时期河湖地貌格局在大汶口、龙山时期即已初具规模。此外，王青还从獐类动物的分布和出现频率方面对海岱地区古代环境的变迁进行了研究。獐是一种喜暖动物，史前曾广布黄河流域，以后渐次南退，其原因除了人类的乱捕滥杀之外，主要是气候逐渐变冷所致，进而得出海岱地区史前时期獐的数量的频率变化与气候变迁在时间上具有同步性的结论[24]。

全新世海面的升降，也间接影响了内陆地区地貌的变化。以海、岱（泰山）、淮所标示的"海岱历史文化区"之所以能相对独立，其外部条件就是从公元前5300年前北辛文化时期（当时尚未发现更早的后李文化）直到公元前2600年前不久，海岱区的西邻，即现今华北大平原的南部和黄淮平原环境的巨大变迁。全新世以来，随着气候的迅速回暖，海平面急剧上升，黄河不再深切，大量泥沙不再全部顺流而下，而是在黄河冲积扇的顶端（在距今8000年至7500年间位于今京广线以西，当时，这里的海拔才15米，而现今抬高到90米左右[25]）及其以东，不断淤积、散布、延伸，致使河床变高，河口外推，与其他河流一起填平了渤海湾西岸，并逐渐向外推移；同时在这一过程中，黄河及其他河流的下游会有改道、漫流，使地表趋于平缓，于是华北冲积平原逐渐形成，并发育出一系列微地貌，如闭封积水小洼地、自然堤和沼泽低地。而这种环境，并不适宜上古人类的生存。从考古学上就可以看到，大汶口文化后期以前，现今的华北平原南部和黄淮平原一带是文化上的准空白地带。大致距今5000年前，才开始出现大汶口文化晚期遗址，但仍寥若晨星；直到距今 4600 年前后，即龙山文化时期，华北平原南部和黄淮平原上，才较多地出现了分布有规律的、成串的"堌堆"遗址[26]，这种"堌堆"遗址就应是当时营建在高坡、自然堤上的又由人工加高的聚落址，即所谓"丘"。龙山文化时期，这一带呈现了文化上的"突然"兴旺发达之势。当然，"堌堆"遗址也许并不是当时的唯一聚落形式，在无水患的条件下，也可能在平地上兴建聚落，如《尚书·禹贡》所说，水患过去，人们就会"降丘宅土"。这一人文地理的变迁，其东部界限大致就在现今运河一线，即泰沂山前平原与华北平原、黄淮冲积平原的分界线上，有的地段，泰山余脉可能还再向西延伸一些[27]。

总体看来，大汶口文化环境复原和环境与文化关系的研究，是对大汶口文化研究的新视角、新途径，也是一个富有前途的新领域，在某些课题上已经取得了显著成果。但这仅仅是良好的开端，实际上还存在一定的局限性，方法论上也不无问题，有关学科的学者以各自不同的方法得出的结论未必相符，甚至有所抵牾，有关学科与考古学之间仍缺乏必要的合作。在21 世纪，考古学必须走与现代科技结合之路，其他有关古环境研究的学科学者也应与考古学者合作，只有这样才能减少各个学科的盲目性和主观任意性，增强科学性、可实验性与可检验性，也就是客观性与科学性。

（四）陶器原料产地与制作
工艺、技术的研究

陶器生产是新石器时代居民的主要手工业部门，在当时的社会经济中占有相当重要的地位，可以说是社会生产中的尖端部门。大汶口文化时期，陶器生产已进入一个飞速发展的阶段，其具体表现为器形种类和数量较之北辛文化有成倍增加，制作工艺和水平不断提高，专业化生产已经出现。近年来，在利用实验考古学的方法探索制陶工艺和技术、采用自然科学方法分析陶土原料的产地等方面，取得了可喜的成果。

1. 陶器制作工艺的研究

山东省博物馆的钟华南对大汶口、龙山文化高柄杯的制作进行了模拟试验，以探索大汶口、龙山文化陶器制作的尖端工艺[28]。他的实验和研究分三部分。一是关于原料和原料制备。他认为高柄杯所用原料并非特定的黏土，而是从居民点附近的河、沟、泽或野地里采集的，只要可塑性强、透气性好和熔点不太高即可。与北辛文化相比，大汶口文化的原料制备新增加了陈腐的工序。二是关于成型方法。大汶口文化陶器制作，经历了惯性陶轮成型和拉坯成型两个阶段。三是关于烧成方法。大汶口文化早期的陶器已在结构比较合理的封顶窑内烧成了。烧成温度已经达到了较为稳定的水平。其后的变化主要表现在追求颜色和提高烧成效益方面。他认为大汶口文化晚期的黑陶高柄杯已采用了匣钵技术。钟华南的实验，经多次失败后终获成功。

钟华南还对枣庄建新遗址大汶口文化的制陶工艺进行了研究[29]。他认为，建新遗址大汶口文化陶器的成型方法有多种，先进的拉坯成型技术已经得到运用，有些已达到龙山文化早期阶段的水平。

2. 陶器原料产地的科学分析

在考古发掘中，有时可以发现属于不同考古学文化的陶器出现在同一遗址之内，如花厅北区大墓所见。对于这种现象，人们往往认为是不同文化之间相互交流和影响的结果。至于是以何种方式从异地直接输入，还是因受其他文化的影响而模仿制作的难题，单靠考古学的观察是难以确定的。池锦祺、王昌燧等采用自然科学方法，对共存于花厅遗址的大汶口式和良渚式陶器的原料产地进行了分析研究。他们利用岩相分析法和 X射线衍射长石定量分析法等手段，对二十五块分属于两类文化的陶器残片测试、比较，认为其中八个样品很可能为良渚文化区内的制品，十四个样品为花厅村所属地区的制品，而另外三个不能判明其原料产地。这些结果与考古类型学的分析完全一致[30]。如果此法得以推广，必将大大地促进陶器生产研究的深入开展。此外，还有学者试图通过测量统计的方法来推断陶器专业化生产的程度。

注　释

[1] 颜訚《大汶口新石器时代人骨的研究报告》，《考古学报》1972 年第 1 期；《西夏侯新石器时代人骨的研究报告》，《考古学报》1973 年第 2 期。

[2] 同［1］。

[3] 韩康信、潘其风《大汶口文化居民的种属问题》，《考古学报》1980 年第 3期。

[4] 韩康信、潘其风《大墩子和王因新石器时代人类颌骨的异常变形》，《考古》1980 年第 2 期。

[5] 李锦山《东夷原始宗教概论》，《东夷古国史研究》第一辑，三秦出版社1988 年版。肖兵《新石器时代"含球"习俗小考》，《文博通讯》1980 年。

[6] 高广仁、胡秉华《王因遗址形成期的生态环境》，《庆祝苏秉琦考古五十五年论文集》，文物出版社 1989 年版；《山东新石器时代生态环境的初步研究》，《环境考古研究》第一辑，科学出版社 1991 年版。高广仁《全新世以来中国史前环境的考古研究》，《日本中国考古学会会报》创刊号，1991 年。

［7］中国社会科学院考古研究所编著《山东王因》，科学出版社 2000 年版。

［8］周本雄《山东兖州王因新石器时代遗址出土的动物遗骸》，《山东王因》附录二，科学出版社 2000 年版。

［9］周本雄《山东兖州王因新石器时代遗址中的扬子鳄遗骸》，《考古学报》1982年 2 期。

［10］郭书元等《山东兖州王因新石器时代遗址的软体动物群》，《山东王因》附录五，科学出版社 2000 年版。

［11］孔昭宸、杜乃秋《山东兖州王因遗址 77T4016 探方孢粉分析报告》，《山东王因》附录六，科学出版社 2000 年版。

［12］孔昭宸、杜乃秋《建新遗址生物遗存鉴定和孢粉分析》，《枣庄建新》附录五，科学出版社 1996 年版。

［13］国家文物局考古领队培训班《兖州六里井》附录二：范雪春《六里井遗址动物遗骸鉴定》，附录三：孔昭宸、陈怀诚《六里井遗址植物硅酸体及孢粉分析报告》，科学出版社 1999 年版。

［14］同［12］。

［15］王增林《植物硅酸体分析在安徽蒙城尉迟寺遗址的应用》，《考古》1995 年第 1 期。王增林、吴加安《尉迟寺遗址硅酸体分析——兼论尉迟寺遗址史前农业经济特点》，《考古》1998 年第 4 期。

［16］郑笑梅《广饶傅家、五村大汶口文化遗址和墓地》，《中国考古学年鉴（1986）》。常兴照《广饶五村大汶口文化至汉代遗址》，《中国考古学年鉴（1986）》。山东省文物考古研究所等《广饶县五村遗址发掘报告》，《海岱考古》第一辑，1989。孔庆生《广饶县五村大汶口文化遗址中的动物遗骸》，《广饶县五村遗址发掘报告》，《海岱考古》第一辑，1989 年。

［17］赵希涛、耿秀山、张景文《中国东部 20000 年的海平面变化》，《海洋学报》第 1 卷第 2 期，1979 年。

［18］该文载于《海洋学报》18 卷（1994）1 期，收入赵希涛著《中国沿海环境变迁》论集，海洋出版社 1994 年版。

［19］转引自张光直《中国古代考古学》（英文本）第四版第 75 页，美国耶鲁大学出版社 1986 年版。

［20］巫鸿《从地形变化和地理分布观察山东地区古文化的发展》，《考古学文化论集（一）》，文物出版社 1987 年版。

［21］徐其忠《从古文化遗址分布看距今七千年至三千年间鲁北地区地理地形的变迁》，《考古》1992 年第 11 期。胡秉华《山东史前文化遗迹于海岸、湖泊变

迁及相关问题》，《中国考古学会第九次年会论文集》，文物出版社 1997 年版。

[22] 庄振业、李建华、仇士华、冼自强、薄官成、王永吉《莱州湾东岸的全新世海侵和地层》，《海洋湖沼通报》1987 年第 2 期。

[23] 王锡平《从胶东半岛新石器遗址的分布看海岸的变迁》，《海洋科学》1985 年第 2 期。

[24] 王青《大汶口文化自然环境探讨》，《东南文化》1991 年第 5 期；《大汶口文化环境考古初论》，《辽海文物学刊》1996 年第 2 期；《海岱地区的随葬獐牙器墓——一个环境考古问题的探讨》，《辽海文物学刊》1994 年第 1 期。

[25] 徐馨、沈志远《全新世环境》第 192 页，贵州人民出版社 1990 年版。

[26] 郅田夫、张启龙《菏泽地区的堌堆遗存》，《考古》1987 年第 11 期。

[27] 高广仁《说"丘"——城的起源一议》，《考古与文物》1996 年第 3 期。

[28] 钟华南《大汶口—龙山文化黑陶高柄杯的模拟试验》，《考古学文化论集（二）》，文物出版社 1989 年版。

[29] 钟华南《建新遗址大汶口文化的制陶工艺》，《枣庄建新》附录四，科学出版社 1996 年版。

[30] 池锦祺、王昌燧等《中国新沂市新石器时期古陶器的产地分析研究》，《中国科学技术大学学报》第 25 卷第 3 期；又载《东方文明之光——良渚文化发现 60 周年纪念文集》，海南国际出版中心 1996 年版。

结

语

当回顾了近半个世纪的大汶口文化研究历程之后，我们能得到什么有益的启示呢。

第一，尊重历史的阶段性成果，正确地估价现今的成果。

大汶口文化发现之前的仰韶文化、龙山文化二元论或两段说，是研究史上的阶段性成果，是前进路上的脚印。二元论较之于中国文化西来说是一个巨大的进步，而50年代的两段说较之仰韶文化、龙山文化东西二元说无疑又是一大进步。龙山文化被分解为四个分支，并提出典型龙山文化可能另有来源，又是一大进步。直到大汶口文化的发现，才以客观的真实存在，完全批倒了中国文化西来说，证实了典型龙山文化确实自有来源，并在新的科学基础之上，重新认识仰韶文化与典型龙山文化是东西分别发展、各有源流的两大支文化，中国原始文化是多源、多区系的。这段研究史说明，不仅一个学科，就是一个课题的研究也要经历几代人长期苦苦追求与探索，才走到今天。必须用历史的眼光看待、研究学术发展史，尊重前人、前辈的开拓、创业，并且还要把今天的成果如实地看成是学术发展长河中的一段过程，今天以为是正确的，可能随着新的发现又会被修正，这也正是学术研究兴旺发达、学无止境的标志。

第二，对学术上的困惑不能感情用事，必须去理性地思辨和脚踏实地地实践。

大汶口文化的早期发现研究史诉说着发现时学界的惊喜与

震动，以及随之而来的困惑与思考。最初人们惊讶于大汶口墓地所展现的满坑满穴华贵的白陶、磨光黑陶、彩陶、灰白陶器、前所未见的"地瓜鬶"、一面拍扁的背壶、三十八个堆放一处的有鸟啄装饰的高大陶瓶，以及墨绿色的玉铲、二十多个零件串成的项饰、玲珑剔透的象牙梳、象牙筒、镶嵌绿松石的骨雕筒、骨指环，惊讶于大墓、小墓之间的贫富悬殊……很自然地去猜想它应晚于龙山文化。因为当时所认识的龙山文化除了蛋壳陶、白陶鬶外，并无惊人的发现，所表现的仅仅是石器时代文化的特征。而当激动稍事平静之后，责任心与使命感促使学者作出理性的思考，如何给予大汶口墓地的遗存以科学的定位。当时的中国科学院考古研究所、南京博物院、山东省文物管理处、山东省博物馆和山东大学，分别以各自的考古实践，取得了第一手证据，殊途同归，对大汶口文化的历史定位与各个遗存间的相对年代等关键问题取得了比较一致的认识。如果除去"文化大革命"浪费的八年，大汶口文化从发现到在专业基础问题上达成共识，用了不过十年的时间。而这些基础性认识，迄今仍是有效的，经住了三四十年时间的考验，其根本原因在于它是经过多方面、多单位、多遗址发掘，反复验证出来的结论，它是科学的，因而才是有生命力的。

第三，史（史料）、论（史学观点、理论）这一对学术研究中回避不了的矛盾，在大汶口文化研究中，解决得较好。关于大汶口文化社会性质的大规模讨论，主流的、正面的作用一如正文所述。但囿于当时的政治环境远没有现在如此宽松，同时，前苏联史学界的似是而非的理论还有一定影响，在讨论中难免有这样那样的认识论和方法论上的不妥之处。如对大汶口文化社会性质的论证，同样引用恩格斯的《家庭、私有制和国家的起源》的语录，同样引用大汶口墓地材料，但所得结论却大相径庭，其中难免有断章取义或使用史料欠妥之嫌。凭空议论，容易造成臆说；而把研究的精力仅限于专业基础研究上，即被形象地称之为"陶罐排队"的层次上，也不是史学、考古学者的最终目的。因此正确、科学处理"史"与"论"的关系，是考古、历史学者所面临的共同问题。总体说来，考古学界有着重论据、学风严谨的优良传统，因而在大汶口文化社会性质讨论中并无根本性遗憾。但仍需要更加深入、细致的研究。对像恩格斯《家庭、私有制和国家的起源》这样重要的经典著作，需要认真研读原著，对曾经有过的摘章引句、囫囵吞枣的做法应切实摒弃。

第四，目前已经有条件把大汶口文化的材料与先秦文献中的有关传说相结合来复原上古历史。当一个考古学文化提出不久，对它的认识尚停留于浅表层次的时候，是不急于同古史传说结合的。时至今日，对于大汶口文化分布范围的拓展，地方类型的区划，绝对年代的测定，社会发展程度的分析，体质、文化上的族属特征等研究都已有了相当丰富、扎实的基础，应当摆脱疑古学派的消极影响，与先秦文献上的传说结合，复原出有血有肉的历史活剧来。疑古派曾成功地挑战传统经学，引起过史学革命，在史学史上自有功在。但他们疑古疑过了头，先秦传说中保存有历史影子甚至是历史精华（如有过构木为巢、钻燧取火、知母不知有父的时代）。当30年代疑古派的势头甚健之时，李济就在《城子崖》序言中说："上古的传说，并不能算一篇完全的谎账。"应该珍视无与伦比的中国古史传说史料，不能抱着金饭碗讨饭吃。对古史传说只要经过去粗取精、去伪存真的分析，完全可以与考古相结合。在大汶口文化的研究中已经有学者如刘敦愿、唐兰等作了先行者。当然，在考古与传说结合的研究中，同样不能断章取义。在这一领域中，还有漫长的路要走。

第五，考古与自然科学有关学科的合作研究是 21 世纪考古学发展的必由之路。

如正文所述，在近三十年来，特别是近十多年来大汶口文化的研究中，突出的进步之一就是多学科合作研究。多学科研究的成果，一般地说，具有可检测性和可重复性。也就是说，它应具有科学性与可信性。更重要的是与相关的自然科学合作研究将获得单靠考古学（者）所难以获得的历史信息。不过，对于一些刚刚介入考古领域的自然科学的研究手段，是否完善，其结论的可信程度如何，还要持理性的态度，不可不信，也不可迷信，这些成果也有一个需要反复检验的问题。但从总的发展趋势看，考古学不走此路是难以为继的。

参 考 文 献

1. 中央研究院历史语言研究所《城子崖》，南京 1934 年版。

2. 徐旭生《中国古史的传说时代》，科学出版社 1960 年版。

3. 中国科学院考古研究所《新中国的考古收获》，文物出版社 1961 年版。

4. 夏鼐《我国近五年来的考古新收获》，《考古》1964 年第 10 期。

5. 山东省文物管理处等《大汶口》，文物出版社 1974 年版。

6. 邹衡《夏商周考古学论文集》，文物出版社 1980 年版。

7. 山东大学历史系考古教研室《大汶口文化讨论文集》，齐鲁书社 1979 年版。

8. 中国社会科学院考古研究所《新中国的考古发现和研究》，文物出版社 1984 年版。

9. 苏秉琦《苏秉琦考古学论述选集》，文物出版社 1984 年版。

10. 山东省博物馆等《邹县野店》，文物出版社 1985 年版。

11. 齐鲁丛刊编辑部《山东史前文化论文集》，齐鲁书社 1986 年版。

12. 上海市文物保管委员会《崧泽》，文物出版社 1987 年版。

13. 中国社会科学院考古研究所《胶县三里河》，文物出版社 1988 年版。

14. 张学海主编《海岱考古》第一辑，山东大学出版社 1989 年版。

15. 苏秉琦《考古学文化论集（二）》，文物出版社 1989 年版。

16. 严文明《仰韶文化研究》，文物出版社 1989 年版。

17. 山东大学历史系考古教研室《泗水尹家城》，文物出版社 1990 年版。

18．国家文物局《中国文物地图集·河南分册》，中国地图出版社
1991 年版。

19．中国社会科学院考古研究所《中国考古学论丛》，科学出版社
1993 年版。

20．苏兆庆编著《莒县文物志》，齐鲁书社 1993 年版。

21．苏秉琦主编《中国通史第二卷·远古时代》，上海人民出版社
1994 年版。

22．山东省文物考古研究所等《枣庄建新》，科学出版社 1996 年版。

23．山东省地方志编纂委员会《山东省志·文物志》，山东人民出版
社 1996 年版。

24．栾丰实《东夷考古》，山东大学出版社 1996 年版。

25．徐湖平主编《东方文明之光——良渚文化发现 60 周年纪念文
集》，海南国际新闻出版中心 1996 年版。

26．栾丰实《海岱地区考古研究》，山东大学出版社 1997 年版。

27．北京大学考古学系编《考古学研究（三）》，科学出版社 1997 年
版。

28．山东省文物考古研究所《大汶口续集》，科学出版社 1997 年版。

29．山东大学考古系编《刘敦愿先生纪念文集》，山东大学出版社
1998 年版。

30．严文明《史前考古论集》，科学出版社 1998 年版。

31．国家文物局考古领队培训班《兖州六里井》，科学出版社 1999
年版。

32．中国社会科学院考古研究所《山东王因》，科学出版社 2000 年
版。

33．中国社会科学院考古研究所《蒙城尉迟寺》，科学出版社 2001
年版。

34．北京大学考古学系等《胶东考古》，文物出版社 2000 年版。

35．邹厚本主编《江苏考古五十年》，南京出版社 2000 年版。

36．高广仁《海岱区先秦考古论集》，科学出版社 2000 年版。

图书在版编目（CIP）数据

大汶口文化/高广仁，栾丰实著． --北京：文物出版社，
2004.12（2023.9重印）

（20世纪中国文物考古发现与研究丛书）

ISBN 978-7-5010-1594-8

Ⅰ．大… Ⅱ．① 高… ② 栾… Ⅲ．大汶口文化-研究
Ⅳ．K871.13

中国版本图书馆CIP数据核字（2000）第55282号

20世纪中国文物考古发现与研究丛书

大汶口文化

著　　者	高广仁　栾丰实	
封面设计	张希广	
责任印制	张道奇	
责任编辑	张庆玲	
重印编辑	宋　丹	
出版发行	文物出版社	
社　　址	北京市东城区东直门内北小街2号楼	
网　　址	http：//www.wenwu.com	
印　　刷	文物出版社印刷厂有限公司	
开　　本	850mm×1168mm　1/32	
印　　张	7.25　插页：1	
版　　次	2004年12月第1版	
印　　次	2023年9月第3次印刷	
书　　号	ISBN 978-7-5010-1594-8	
定　　价	40.00元